U0851047

广东要努力成为发展中国特色社会主义的排头兵、深化改革开放的先行地、探索科学发展的实验区，率先全面建成小康社会、率先基本实现社会主义现代化。

——习近平

今天，
我们拿什么来
实现“两个率先”

南方日报 主编

双城会

落实广东目标的新思考

南方日报出版社
NANFANG DAILY PRESS
中国·广州

图书在版编目（CIP）数据

双城会 ：落实总目标的广东思考 / 南方日报主编. — 广州 ：南方日报出版社，2013.8

ISBN 978-7-5491-0898-5

Ⅰ. ①双… Ⅱ. ①南… Ⅲ. ①城市群－区域经济发展－研究－广东省 Ⅳ. ①F299.276.5

中国版本图书馆 CIP 数据核字(2013)第 179138 号

双城会：落实总目标的广东思考 南方日报 主编

出版发行：南方日报出版社

地　　址：广州市广州大道中 289 号

电　　话：(020) 83000502

经　　销：全国新华书店

印　　刷：广州市怡升印刷有限公司

开　　本：787mm×1092mm　1/16

印　　张：17

字　　数：280 千字

版　　次：2013 年 8 月第 1 版

印　　次：2013 年 8 月第 1 次印刷

定　　价：38.00 元

投稿热线：(020) 83000503　读者热线：(020) 83000502

网址：http://nf.nfdaily.cn/press/

目录

前言/001

第一篇　总论

时代之问：今天，我们拿什么来实现“两个率先”
——落实“总目标”的广东思考/002

第二篇　双城会

广州VS天津　南北兄弟间的“第三城”之争/012
深圳VS香港　深港利益共同体的“双城之恋”/023
佛山VS无锡　姊妹城市转型路上的竞与合/033
惠州VS南通　两座古城探索赶超“进阶”之路/044

东莞VS苏州　制造业名城的转型与求索/056

汕头VS厦门　厦门蝶变海西“明珠”　汕头开始“二次创业”/071

韶关VS徐州　徐州改革创新迎涅槃　韶关绿色转型谋新生/082

河源VS赣州　坐拥稀土资源　致力产业突破/093

梅州VS龙岩　交通之变成就跨越发展/105

湛江VS北海　“蓝色崛起”梦殊途同归/117

云浮VS梧州　“退城进园”背后的华丽转身/128

乐昌VS宜章　广东“北大门”要与湖南“南大门”错位竞争发展/138

饶平VS诏安　“省尾国角”竞合对粤“桥头堡”/149

新兴VS沛县　后发地区以特色产业谋赶超/161

南澳VS东山　国际生态旅游岛的美与忧/170

第三篇　高端访谈

广东省社科院副院长王珺：

以城镇化促区域协调发展/183

国家发改委地区经济司司长范恒山：

南沙横琴前海是带动广东区域开放和创新发展的“试验田”/192

世界银行高级经济学家曾智华：

珠三角城市群竞争　需借力专业化创新平台/202

第四篇　网络建言

珠三角篇：珠三角未来发展“引爆点”在哪？/213

粤东篇：粤东如何冲破阻碍再出发？/224

粤西篇：后起追赶，粤西靠资源更靠改革/235

粤北篇：绿色经济能否成粤北崛起的法宝？/249

后记/261

前言

党的十八大开启了中国发展的新纪元，民族复兴的伟大梦想正圆梦启航。

改革开放先行一步的南粤大地，处处春潮涌动。“广东要成为发展中国特色社会主义的排头兵、深化改革开放的先行地、探索科学发展的实验区，率先全面建成小康社会、率先基本实现社会主义现代化。”习近平总书记视察广东的殷殷寄望正转化成1亿多南粤儿女奋进的新目标。

“三个定位、两个率先”，这是党中央在新的历史时期赋予广东的神圣使命，是广东今后工作的前进方向、行动指南和奋斗目标。

责任在肩，使命光荣。环看广东，历经改革开放三十多年高速发展，当前正处于转型发展的爬坡越坎阶段，区域发展不协调矛盾进一步凸显，在珠三角人均GDP超1万美元之际，粤东西北12个城市人均GDP仍在全国平均水平之下。

放眼全国，区域经济发展百舸争流，你追我赶。从省域看，江苏、山东等地发展势头强劲；从中心城市看，天津追广州已兵临城下；从区域看，长三角、环渤海都市圈的发展让珠三角既倍感压力，更有很多启发。

新的历史时期，广东必须回答：今天，我们拿什么来落实“三个定位”、实现“两个率先”？

“知人者智，自知者明。”在全省上下凝聚共识、落实目标、谋划发展之际，《南方日报》策划推出了“双城会”系列报道。这组报道选择广东11个地级以上市和4个县，分别与省外一个同类市、县进行对比采访，取长补短，互为借鉴，既看到广东的优势和成绩，又直面问题、寻找差距，学习借鉴兄弟城市的好做法好经验，生动体现了广东在落实目标中的思考和行动，在全省引发了一场有关区域协调发展的头脑风暴。

“双城会”报道引发的强烈反响，反映出全省上下对广东加快发展促转型的强烈愿望和热切关注，也彰显出南方日报凭借高品质的新闻产品，致力打造华南政经大报的责任和作为。

在广东贯彻落实新目标的生动实践中，南方日报作为记录者、参与者与推动者，将汇集各方智慧，凝聚共识，推动全社会形成良性互动，为广东实现“三个定位、两个率先”目标鼓与呼！

第一篇　总论

时代之问：今天，我们拿什么来实现“两个率先”

——落实“总目标”的广东思考

《南方日报》本年度推出的重磅系列报道《双城会》虽已收尾，但是，这组报道带给广东的冲击仍在持续地发酵和升温中。

双城的比较，让一座座城市跳出了熟悉的路径，在时间的经度和时代的纬度中重新调校坐标。广州与天津，深圳与香港，东莞与苏州，汕头与厦门，惠州与南通，韶关与徐州……这其中，有擦肩而过的失落，有你追我赶的快意，更有时不我待的紧迫，正是在这一组组读城的报道中，广东真切地感受到自身的长处与不足，同时也必须回应一个时代之问：

今天，广东拿什么来落实“三个定位”，实现“两个率先”？

广东忧思

一座城市，一个地区，从来不是割裂的个体，以《双城会》为触摸的载体，让我们在一城一池的走读过程中，读出广东的荣光与辉煌，也读出广东的忧思与沉重。

有很多理由为我们的过去由衷骄傲。每深读一座城市，我们都看到了南粤这片热土这些年来无法忽视的进步。

广东一直在努力做排头兵。改革开放以来，广东发展突飞猛进，经济总量连续24年居全国第一。尤其是过去5年间，广东GDP从3万亿元跨上5万亿元台阶。

广东在深化改革上一直在先行先试。特别是珠三角规划纲要实施以来，广东加大重要领域和关键环节改革的攻坚力度，为全国体制机制改革探索道路。

广东是实践科学发展观的坚定践行者。如2008年，广东向传统的GDP至上政绩观开炮，在全国率先研制“科学发展评价体系及考核办法”，这一做法后来向全国推广。

作为中国省市区的经济领头羊，广东的实力毋庸置疑。就在2013年5月，中国社科院等多部门联合发布的《2013年中国城市竞争力蓝皮书》中，广东有深圳、广州和佛山三个城市进入“城市综合经济竞争力”前十，深圳更是仅次于香港，位居内地城市之首。

“珠三角城市表现夺目。”《蓝皮书》课题组高度评价道。

但在珠三角的巨大光环之下，粤东西北地区的城市发展滞后，这折射出了广东的切肤之痛——区域发展长期严重失衡。

但在珠三角的巨大光环之下，粤东西北地区的城市发展滞后，这折射出了广东的切肤之痛——区域发展长期严重失衡。

“最富的地方在广东，最穷的地方也在广东”，放在全国范围来看，广东是区域发展差距最大的省份之一。

“广东经济总量和人口数量都在全国排第一，但人均GDP就不是第一。珠三角人均GDP超过1.3万美元，而占全省面积近70%的粤东西北，人均GDP还不到全国平均水平，最低的仅为全国一半。这是广东最大的省情。”省统计局总统计师邱俊说。

这仅是广东众多忧虑之一。

广东的忧虑来自身后“追兵”的步步紧逼——

2012年，江苏经济总量紧随广东之后，相差仅3000余亿元，广东作为经济领头羊面临强劲“追兵”。同时，广州也面临着天津的“第三城”之争。

广东的忧虑来自国际经济格局的深刻调整——

当前主流观点一致认为，中国外贸出口的黄金时代已一去不复返。这是第一外贸大省广东必须长期接受的事实。昔日“两头在外”的经济体，要在短期内调整过来绝非易事。

而《双城会》报道中的一对对城市走读带给我们的冲击则更大。

云浮与梧州，比邻而居，前者更靠近珠三角核心圈，但后者近年来加大基础设施投入、明晰产业规划，其发展速度已遥遥领先云浮；韶关与徐州，同为老工业基地和所在省的“北大门”，改革开放初期，韶关经济总量是徐州的两倍，而到2012年，徐州GDP已突破4000亿元，但韶关却不及其1/4。

“现在，内地很多省份和城市的改革和创新意识比我们要强，举措更加大胆、有力，而我们却显得动力不足，广东不能再躺在功劳簿上睡大觉了！”2013年全省和全国“两会”上，许多代表委员急切地呼吁“广东要认清形势”。

广东使命

忧虑有多深，正是源于肩上的使命有多大、责任有多重。

风起南方。广东在我国改革开放中得风气之先，一直充当改革开放的先锋和排头兵。

广东的忧虑来自身后“追兵”的步步紧逼。

人们注意到，改革开放以来，我们党历次重大发展理论的提出都与广东有关：1992年春，邓小平同志在广东发表了著名的南方谈话，要求继续解放思想，推进改革开放；2000年春，江泽民同志在广东提出“三个代表”重要思想；2003年春，胡锦涛同志在广东提出科学发展观的思想。

广东的忧虑来自国际经济格局的深刻调整。

2012年12月，党的十八大后，新当选的中共中央总书记习近平第一次到地方调研就来到广东。他寄语广东要紧紧抓住国家支持东部地区率先发展的机遇，努力成为发展中国特色社会主义的排头兵、深化改革开放的先行地、探索科学发展的试验区，为率先全面建成小康社会、率先基本实现社会主义现代化而奋斗。

“‘三个定位、两个率先’，就是广东省今后工作的前进方向和行动指南，是广东工作的总目标。”中共中央政治局委员、省委书记胡春华指出。

这是中央在新的历史时期赋予广东的神圣使命。

事实上，自改革开放以来，中央一直鼓励和支持广东在深化改革、加快转型上先行先试。

2008年底，珠三角规划纲要出台，来自广东的地方规划上升为国家战略。

2011年初，广州南沙、深圳前海、珠海横琴三地开发写入国家“十二五”规划，目前均升格为国家级新区，这三大平台正以前所未有的国际视野、世界眼光，以高起点、高标准的产业谋划，带动全局，蓄积广东发展的新能量。

2011年8月，国务院召开常务会议，批准广东在行政审批制度改革方面先行先试。新加坡《联合早报》评论说，中国把一项重要又艰难的改革试验任务交给了广东，这是对广东作为改革者的一种信任和认可。

省发改委主任李春洪说，在培育和发展社会组织方面，广东也走在全国前面。省委、省政府专门出台文件，成立社工委，在多个方面推进改革。

备受关注的商事登记改革正在珠三角推广。如今，深圳、珠海、东莞和佛山顺德4个试点地区商事登记主体营业执照一般能在1个工作日内发出，最长不超过5个工作日。

改革正酣。

2013年，广东计划要进一步削减、调整和规范行政审批事项，力争实现各级审批事项压缩40%、网上办理率达到90%以上、办结时限总体缩短50%以上，市、县（市、区）两级非行政许可审批事项“零审批、零收费”。

“中国要经历的正是广东已经或正在经历的，广东的改革与探索将为中国提供有益的经验。”长期关注广东发展的国际知名学者、新加坡国立大学东亚研究所所长郑永年如此评价广东的改革先锋地位。

广东新路

方向已定，目标已明，剩下的只是如何实干。那么，广东靠什么来实现总书记的期待？

广东给出的答案是：转型与发展。

广东上下已形成共识：要解决当前各种矛盾，破除发展路径窠臼，唯有加快深入推进转型升级；要实现“两个率先”，满足百姓的民生期待，建设幸福广东，就必须加快发展。

正如胡春华指出，下一阶段，广东要按照习总书记的要求，在全面深化经济体制改革、继续深化行政体制改革、加强和创新社会管理的基础上进一步积极探索，坚定不移地通过深化改革开放，破解前进道路上遇到的困难和问题，实现“两个率先”的目标。

“广东要在发展中促转变，在转变中谋发展。”省长朱小丹在谈到转型与发展的关系时指出。他还提醒大家：“有没有追兵，广东都在思变谋变。排头兵要比总量，广东的GDP掉1个百分点，对全国都有影响；更要比结构、比质量、比发展的协调性和可持续性，不打造好‘升级版’，一旦丢掉转型升级排头兵的位次，广东再难领先。”

广东的决策者在深思：转型与发展并不对立，而是有机统一。没有新的先进生产力发展就没有转型，长期

“中国要经历的正是广东已经或正在经历的，广东的改革与探索将为中国提供有益的经验。”长期关注广东发展的国际知名学者、新加坡国立大学东亚研究所所长郑永年如此评价广东的改革先锋地位。

要解决当前各种矛盾，破除发展路径窠臼，唯有加快深入推进转型升级；要实现“两个率先”，满足百姓的民生期待，建设幸福广东，就必须加快发展。

失速的转型不是成功的转型；反之，没有转型也就没有更高水平、更可持续的发展。广东要坚持实事求是、分类指导的原则，珠三角要在转型升级中加快发展，粤东西北要在加快发展中转型升级。

在珠三角，现代服务业、先进制造业、战略性新兴产业加紧布局。传统产业、加工贸易产业不仅“腾笼换鸟”，也在“凤凰涅槃”。加工贸易的生产模式已有55%是“委托设计+自主品牌”。

东莞市委书记徐建华认为：“对珠三角来说，矛盾的主要方面在转型，但转型中要尽量缩短失速周期，并力求稳速、加速。”

惠州市委书记陈奕威认为，惠州当前要“尽快进入珠三角第二梯队”，要通过制订实施包括平台构建、产业培育、惠民倍增等在内的“六大计划”，强化优势产业，剑指发展短板。

粤东西北地区也在积极探寻自身发展与“三个定位、两个率先”的共振点。

揭阳市委书记陈绿平认为：“对粤东西北欠发达地区来说，矛盾的主要方面在发展，在于尽早赶上全国平均水平，但新上的项目起点必须高。”

粤北山区梅州，“绿色崛起”的思路清晰，市委书记朱泽君表示，接下来梅州要朝着“粤闽赣边区域性中心城市、广东生态产业发展试验区、美丽中国先行地”这一目标努力。

提升珠三角，带动东西北，广东加快转型与加快发展的道路正并行不悖。

珠三角，在圆满完成“四年大发展”后，2013年5月，“九年大跨越”征程的号角已经吹响，确保其在实现全省“三个定位、两个率先”总目标中走在前面、发挥主力军作用。

促进区域协调发展已上升为广东加快发展的头号工程和重要抓手。2013年4月，以加强粤东西北基础设施建设的“交通大会战”已经打响。而事关广东发展的全局性战略规划《广东关于进一步促进粤东西北地区振兴发展的决定》，也即将重磅推出。

同时，一场牵动南粤的“软转型”亦在同步推进。加快转型与发展，离不开对机制体制的深化改革。

2012年10月，广东全面部署实施“八个行动计划”工作，其中有一半涉及软环境建设，如建设法治化国际化营商环境、改善创新环境，都旨在优化广东的软环境。

广东正在推进的转型是全面的转型，是“软”与“硬”兼具的转型，其目标均是打造广东未来竞争新优势。

…………

为改革开放“杀出一条血路”，为科学发展“闯出一条新路”，为落实“三个定位、两个率先”的总目标“探索一条道路”——作为排头兵，广东已卸下昔日荣耀，再次轻装出发。

这方“树叶四季不落”的造梦热土，再度春潮涌动。

（南方日报记者　张东明　郭亦乐　黄应来）

广东要坚持实事求是、分类指导的原则，珠三角要在转型升级中加快发展，粤东西北要在加快发展中转型升级。

第二篇 双城会

广州VS天津
南北兄弟间的“第三城”之争

沿着俗称“西塔”的目前广州第一高楼——广州国际金融中心70层的四季酒店大堂玻璃幕墙环绕一周，大半个广州城尽收眼底。向南望去的珠江水面上，作为2010年广州亚运会开幕式举办地的海心沙形似一艘乘风破浪的帆船，激起一段记忆。

就在那届亚运会之前，广州与天津“第三城”之争甚嚣尘上：作为长期与北京、上海并称“北上广”的中国第三大中心城市，广州正面临天津步步紧逼的压力。而正是亚运会的胜利举办，巩固了广州“第三城”的地位。

不过几年过去，天津追赶的脚步越来越近。2012年，天津与广州GDP相差已不到700亿元。而从增幅来看，天津强劲的后势可谓锐不可当，广州压力空前。

当然，“第三城”之争也许本来就是个伪命题。城市之间的比较不能仅仅看数量、规模，而更应该看质量、看结构、看后劲等等。但对广州来说，通过与天津的比较，不仅可以借鉴对方的经验、发现自身的不足，更可以在扬长补短中激发出争先的斗志和源源不断的动力。

清朝时期，广州和天津作为一南一北两大经济重镇，几乎难分伯仲。处在同一起跑线上的两座城市，在随后的近百年的发展中，却各自经历浮沉。

毗邻港澳、处于改革开放前沿的广州抓住了发达国家和地区产业转移的机遇，数十年间几乎独领风骚。广州宾馆、白云宾馆、中信广场等高楼也交相接棒，占据着全国第一高楼的位置。

而天津虽然毗邻北京，但很长时间由于定位不清遭遇了“灯下黑”的尴尬，其城市高度也久久未能刷新。所幸，随着国家对其战略地位的明确，特别是在滨海新区的强力驱动下，近年来天津正迎头赶上。

对于一个城市，第一高楼是地标，是名片，也是城市实力的象征。我们追随两个城市第一高楼的足迹，试图从中发现城市发展的得与失。而面对追兵天津，广州要保住“第三城”的地位，当然不能仅靠多盖高楼、追求城市高度，而应该真正找到发展增速落后的症结。

“第三城”之争也许本来就是个伪命题。城市之间的比较不能仅仅看数量、规模，而更应该看质量、看结构、看后劲等等。

20世纪　广州高度领跑全国

新中国成立后很长时间，1934年落成的爱群大厦仍占据“广州第一高楼”的美名，直到1968年广州宾馆的出现。广州宾馆位于爱群大厦向东不远的海珠广场，主楼27层，高86.51米，一举突破全国纪录。但很快，广州宾馆便将“全国第一高楼”的名号让位给了位于环市东路的白云宾馆。1976年，白云宾馆以33层114.5米的高度，成为中国大陆的第一高楼，并保持最高建筑的纪录近10年。

为何在短期内，广州先后诞生了两栋全国第一高楼，并且均是酒店呢？知名广府文化学者饶原生介绍，从1957年起，为了扩大对外贸易，中国进出口商品交易会即广交会开始举办。每年广交会期间，外商纷至沓来，当时广州仅有的几家大宾馆显然无法承担如此大的客流。于是20世纪60年代困难时期过后，广州宾馆、白云宾馆等涉外酒店如雨后春笋般建成。

直到今天，广交会仍是国内历史最长、规模最大、到会客商最多的综合性国际贸易盛会。目前，广东的外贸占到全国的1/4强，外贸的阴晴也直接关系到全国经济的增长。

改革开放后，广州的高楼继续领跑全国。从白云宾馆向西步行几分钟，就是俗称“63层”的广东国际大厦。1991年建成的该大厦高度达200米，是广州第一座现代意义上的摩天楼，也是当时中国大陆最高的建筑。“63层”所在的环市东路在20世纪80年代末到90年代初甚至被誉为广州的尖东，也是广州第一个现代化的中央商务区。

随着广州的加速发展，城市中心继续“东进”，以中信广场为代表的天河北商圈兴起。1997年建成的中信广场以80层391米的身高，接棒“全国第一高楼”的名号。直到今天，中信广场仍是众多世界五百强企业选择设立地区总部的首选。

饶原生说，改革开放特别是1992年邓小平同志视察南方，为广东经济发展注入强心针，不少外资纷纷来广东投资设厂，加工贸易遍地开花使广东被称为“世界工厂”。与此同时，依附于制造业的生产性服务业也蓬勃发展。2001年广州生产性服务业的就业人数占第三产业的18.57%，占全市就业的9%，其绝对值是1984年的8.6倍，而相对第三产业的比重是1984年的3.9倍。

这些“第一高楼”不仅见证着广州近百年来的辉煌历程，透过它们，广州20世纪的城市重心沿江路—环市路—天河北路—珠江新城，以及支柱产业商贸—出口加工—现代服务业的发展脉络也是清晰可见。

而与广州改革开放后紧抓住发达国家和地区产业转移的机遇相比，地理上紧挨北京的天津由于定位不够清晰，遭遇了“灯下黑”的尴尬。新中国成立后，天津的城市高度久久未能刷新，地位也几经变迁。直到20世纪90年代，天津才出现了第一座真正意义上的摩天大楼——高153米的远洋大厦，而1997年建成的最高建筑今晚报大厦，高度仅为同时期中信广场的一半。

现阶段，广州的摩天楼已不再独领风骚。高楼背后，是穗津两城经济总量差距的迅速缩小。廊清与北京的地位分工，被国家定位为北方经济中心的天津奋起直追。有专家估计，若仅以GDP考量，广州可能在一两年内让出“第三城”的地位。

本世纪　廓清定位带动天津赶超

到了2012年，西塔的开业仿佛宣告了广州摩天楼的又一个新时代来临。西塔位于珠江新城CBD核心商务区，建筑总高432米，成为新的“广州第一高楼”，并跻身全球已建成的十大超高层建筑之列。

西塔北望中信广场，南望600米高的国内第一高塔广州塔，中信广场和广州塔串联一线，是目前广州的新中轴、新重心。珠江新城这一段两边，林立着西塔、珠江城大厦、利通大厦、广晟国际大厦等一系列超甲级写字楼，在广州亚运会开幕式的直播中，给广大观众留下了深刻的印象。

珠江新城CBD的建设进一步促进了现代服务业的发展。数据显示，2000年以后广州的生产服务业重新进入增长阶段，而且增长明显加速，增长率一直保持在10%以上。2009年增加值达到了1423亿元，是20世纪90年代初的26倍多。

不过现阶段，广州的摩天楼已不再独领风骚。西塔是中国第六高楼，即便是在建中高度为539.20米的东塔，在国内也比不少在建高楼矮一截。

而就是这一阶段，廊清与北京的定位分工，被国家定位为北方经济中心的天津奋起直追，其城市天际线屡屡被刷新。位于和平路南端、海河西岸的环球金融中心336.9米，就坐落在天津历史上很多银行聚集的老金融区内，其高度直逼中信广场；将在2014年建成的高银金融117大厦更高达597米。目前，天津共有三栋超过500米的摩天大楼进入建设阶段，全部位于滨海新区。海河两岸鳞次栉比的高楼大厦让人备感震撼，勾勒出富有魅力的天际线。

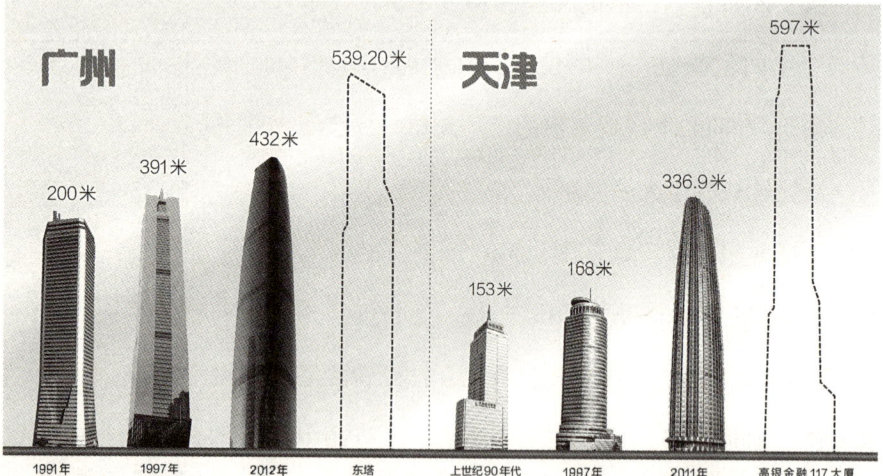

广州、天津摩天高楼对比

高楼背后，是穗津两城经济总量差距的迅速缩小。2012年，天津GDP达到12885.18亿元，虽然不及广州的13551亿元，但已高于广州2011年的GDP 12423亿元。从增幅来看，2012年广州的GDP增幅为10.5%，是自1991年以来的最低增速，而天津同比增长13.8%，在全国各省市区中位居第一；2013年，广州定下的增长目标是10%，仍落后于天津12%的预计增幅。有专家估计，若仅以GDP考量，广州可能在一两年内让出"第三城"的地位。

高楼背后，是穗津两城经济总量差距的迅速缩小。

天津的高速增长相当程度得益于固定资产投资的高速增长。而广州近年增速放缓的一大原因，是在国际金融危机背景下主动战略调整、转型升级所致。

天津秘诀　滨海新区强力驱动

驱动天津在近10年内奋起直追的，显然是滨海新区这个强劲的引擎。

2005年，滨海新区首次被纳入国家整体发展战略。2009年10月，滨海新区正式设立，国家综合配套改革试验区、保险改革、金融创新等先行先试的政策相继落户。一时间，滨海新区风华正茂风光无限："百万吨"大乙烯、千万吨炼油、大推力火箭、空客等大项目纷至沓来。

最近5年，滨海新区经济总量从3000亿元跃上7000亿元台阶。2012年，完成生产总值7205.17亿元，同比增长20.1%；工业总产值14416.75亿元，增长15.8%；一般预算收入731.8亿元，增长22.9%；实际利用外资98.07亿美元，增长15%。经济总量占了天津全市的55.9%。

“以前客商来滨海新区的前身天津经济开发区考察，要看带动性强的企业只有一家摩托罗拉。现在这里的大企业，没一个星期还真看不完。”滨海新区政府新闻办的小桑说。

相较之下，同样作为国家级新区，广州南沙新区起步较晚，目前体量要比滨海新区小得多。

2012年南沙区实现地区生产总值605.98亿元，增长13%，公共财政预算收入37.99亿元，增长21.6%。虽然这两项增速均名列全市第一，总量却在广州各区（市）中排名倒数第二，仅高于从化。预计到2015年，南沙的GDP将比2010年翻一番，超千亿元，但距离滨海新区2015年GDP超万亿元仍有不小差距。

而跳出两个新区来看，天津的高速增长相当程度上得益于固定资产投资的高速增长。自2008年至2011年，天津的固定资产投资增长分别达到增长47.4%、42.5%、30.1%和31.1%，是GDP增速的几倍。而同期广州增幅分别是12.9%、22.3%、22.7%和10%，远不及天津。

另外，广州近年增速放缓的一大原因，是在国际金融危机背景下主动战略调整、转型升级所致。在广州着力培育的现代服务业、先进制造业和战略性新兴产业中，战略性新兴产业距离全面发挥效应尚需时日；支柱产业汽车制造受日本地震、国内反日情绪等因素影响，石化产业布局又在全省层面有所调整，均在一定程度上影响了经济增长。

广州优势 毗邻港澳令天津“眼红”

追兵已临城下，广州如何扬己之长再度奋蹄？

作为粤企在天津投资的代表，中山明阳风电天津基地总经理李顺堂在肯定天津优势的同时也谈道：“天津的服务业比较滞后，比如基地周边商业食肆都很少。即使在天津市中心，晚上8点钟饭馆、商店就全部关门了，想找个谈生意的地方都没有，而在这方面广东的服务业意识已经深入人心。”

> 第三产业对经济的贡献率超过60%，这正是广州经济活力的体现。接下来，南沙新区还将进一步做好服务业文章，秘诀则在于广州的另一优势——毗邻港澳。

企业的直观感受点出了珠三角乃至广州的特点所在：2012年，广州三次产业结构为1.6：34.8：63.6；而天津的三次产业结构为1.3：51.7：47.0。在三次产业中，第三产业对广州经济的贡献率最高，超过60%。这正是广州经济活力的体现。而在民营经济方面，广州开放而广阔的市场，造就了繁星般的民营企业，其对GDP的贡献已近四成，远超天津，这也是天津当下着力补短所在。

接下来，南沙新区还将进一步做好服务业这篇文章，秘诀则在于广州的另一优势——毗邻港澳。特别是南沙地处珠三角几何中心，100公里范围内把港澳与整个珠三角城市群都网络其中，这样的地缘优势无出其右。

根据国家的规划，南沙新区“将建设成为粤港澳优质生活圈和新型城市化典范、打造粤港澳全面合作示范区”。在专家们看来，在粤港澳的合作中，香港、澳门的服务业非常发达，比如香港的金融、商业、赛马业，澳门的旅游业、酒店业等。但港澳本身受空间限制，有向外拓展的需求。而目前，在CEPA框架下，粤港澳之间的服务业合作已经有了非常好的基础。

省长朱小丹透露："我们将来跟港澳的合作可能逐步会从加工贸易转向服务业领域的合作，尤其是生产性服务业和高端服务业的合作，在这方面国家给予了非常重要的政策支持。"

滨海新区发改委综合规划处处长唐中赋说，南沙一些独有优势颇让天津眼红："你们临近港澳，在金融、服务业、交通乃至社会管理都可以有一系列的创新机制与港澳对接。"此外，南沙新区的建设明确由国家发改委牵头，会同一些部门和地方来组建协调机制，这也是浦东新区、滨海新区所没有的。

尤其在后亚运时代，面临追兵天津以及内外部经济环境的复杂多变，广州紧抓住新型城市化的机遇，着力营造国际化的营商环境和投资环境，全力稳增长、促转型、增后劲。

在广州的"大当家"广东省委常委、广州市委书记万庆良看来，目前的广州商机无限："这里有实现梦想的历史机遇……这里有实现梦想的发展平台……这里有实现梦想的营商环境。"

在其力推下，"新广州·新商机"推介会2011年启动当年，就签约400个项目，投资总额高达1万亿元；3月刚刚举行的"新广州·新商机"2013年重大项目投资推介会，又吸引投资超过4620亿元。而刚刚成为国家级新区的南沙，也迅速成为投资热点。全市129个投资项目中，除1个市属项目外，南沙新区签约的大型投资项目多达16个，投资额约1276.6亿元，居所有区县中吸引投资额之首。

数据对比

两城GDP对比（单位：亿元）

年份	广州	天津
2011	12423	11190.99
2012	13551 10.5%	12885.18 13.8%

两城新区对比（2012年）

	GDP	增长率
滨海新区	7205.17亿元	20.1%
南沙新区	605.98亿元	13%

记者观察

两城比较：重在扬长补短

广州和天津究竟谁是“第三城”的争论，从某种角度来说，其实并没有意义。广州是珠三角的中心，天津是环渤海的中心。一南一北两个城市分别带动各自经济圈的发展是大家所乐见的。

但是对广州来说，“第三城”的地位如果丢了，却可能导致资源和要素的流失。从这个角度来看，“第三城”的地位又不是那么可有可无。

客观来看，天津作为直辖市的地位，是省会城市的广州所无法比拟的。而天津滨海新区成为国家战略之

回响：

《南方日报》“双城会”报道敏锐地抓住了当下“第三城”竞争的话题。广州一方面要学习天津市抢抓机遇、高端谋划发展的战略意识；另一方面，广州也要坚持科学发展，“不仅要比总量，还要比环境、比市场、比生态，比老百姓的幸福指数”。

后，国家在天津布置了大批重点工业项目，从而大幅拉动了固定资产投资。这种国家政策红利，也是广州难以望其项背的。

但从广州、天津不同的区位和资源看，大家也可说是各有所长。天津的发展更多地依赖大型国有企业和外资企业投资；而广州发达的服务业和民营经济使其内生性增长更为明显。广州与天津相比较，一个贵在质量，一个则以快取胜。广州需要考虑的是如何加快发展，如何通过技术、结构的优化带动项目、投资；天津这样大投资、大项目的发展模式则需要考虑可持续发展的后劲问题。

天津的创新、实干值得广州学习。比如南沙新区，如何利用好国家给予的优惠政策在短时间内成为新的增长极，应该多向天津滨海新区取经。又比如基础设施建设，天津不仅拥有中国北方最大的港口，还有四通八达的高速路网，北京到滨海的车程只有45分钟；而目前广东粤东西北地区的高度公路密度只有珠三角地区的1/3，粤东、粤西两翼都只有一条高速公路，不少县市仍未通高速。因此从省的层面看，也应该大力推动全省层面的基础设施建设。

此外，城市实力的排序实际上也是一个动态的过程。对广州来说，通过与天津和其他城市的比较，不仅可以借鉴对方的经验，发现自身的不足，更可以在扬长补短中激发出争先的斗志和源源不断的动力。

（南方日报记者　卢轶　谢庆裕　实习生　刘合潇）

深圳VS香港
深港利益共同体的“双城之恋”

深圳这座城市的兴起，在地缘和产业基础上都受益于香港，“向香港学习”是深圳经济崛起的不二法门。时至今日，深圳仍然接受着香港在经济社会管理经验上的辐射。但与此前30年所不同的是，今天的深圳已经可以作为一个独立的个体向外散发她自己的魅力：关于鼓励创新的经验，关于城市文明的锻造，关于产业转型升级的探究，等等。

在深圳走出独立步伐的时候，香港还重要吗？深圳还应该向香港学什么？深港融合应该如何进一步发展？

与其简单地说深圳与香港谁强谁弱，毋宁说深港这两座城市，要如何更紧密地配合，深港都市圈如何各取所长，更好地在中国创新创造的时代命题中扮演更加重要的角色，推动中国这艘巨轮持续向前。

“双城之恋”，用这个词来形容当前两地不可或缺的亲密互动关系，再贴切不过。

一河之隔，两种制度。漫步在深圳城市海滨休闲带即可与香港隔海相望，这就是深港之间的物理距离。

与其简单地说深圳与香港谁强谁弱，毋宁说深港这两座城市，要如何更紧密地配合，深港都市圈如何各取所长，更好地在中国创新创造的时代命题中扮演更加重要的角色，推动中国这艘巨轮持续向前。

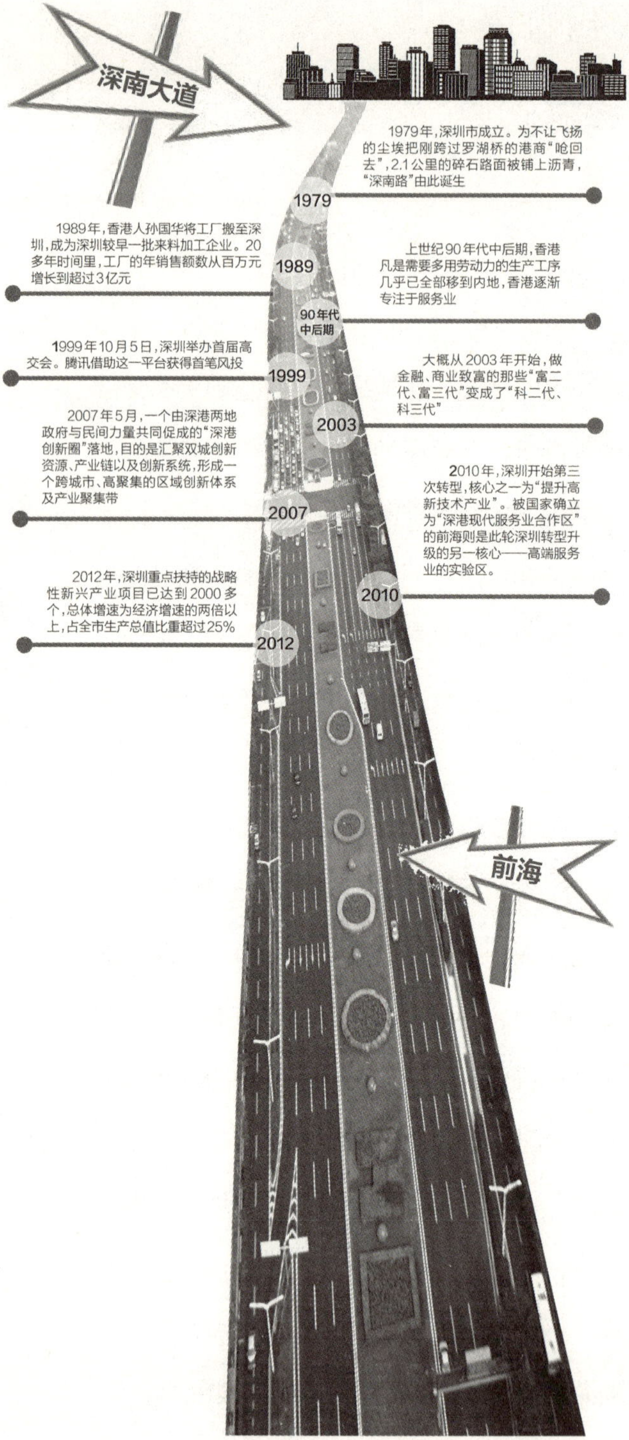
深南大道
1979年，深圳市成立。为不让飞扬的尘埃把刚跨过罗湖桥的港商“呛回去”，2.1公里的碎石路面被铺上沥青，“深南路”由此诞生
1979
1989年，香港人孙国华将工厂搬至深圳，成为深圳较早一批来料加工企业。20多年时间里，工厂的年销售额数从百万元增长到超过3亿元
1989
上世纪90年代中后期，香港凡是需要多用劳动力的生产工序几乎已全部移到内地，香港逐渐专注于服务业
90年代中后期
1999年10月5日，深圳举办首届高交会。腾讯借助这一平台获得首笔风投
1999
大概从2003年开始，做金融、商业致富的那些“富二代、富三代”变成了“科二代、科三代”
2003
2007年5月，一个由深港两地政府与民间力量共同促成的“深港创新圈”落地，目的是汇聚双城创新资源、产业链以及创新系统，形成一个跨城市、高聚集的区域创新体系及产业聚集带
2007
2010年，深圳开始第三次转型，核心之一为“提升高新技术产业”。被国家确立为“深港现代服务业合作区”的前海则是此轮深圳转型升级的另一核心——高端服务业的实验区。
2010
2012年，深圳重点扶持的战略性新兴产业项目已达到2000多个，总体增速为经济增速的两倍以上，占全市生产总值比重超过25%
2012
前海

而双城之间的心理距离则如官方高层会晤时所笑言的，“已从热恋期间的情侣关系，进入稳定发展的夫妇关系，紧密相连，一步都不能离开了”。

30多年过去，粗布麻衣的深圳“渔家女”从大量承接香港“三来一补”工业转移的“前店后厂”初级交往，到金融、物流和高新技术等产业的升级接触，已经逐渐脱胎换骨。而曾经洋气潇洒的“大表哥”也越来越意识到其潜力和内涵。

从1979年到2000年3月，香港制造业已有85%以上迁到内地。香港在内地的实际投资额超过1400亿美元，占内地吸引全部外资的51.5%。而这期间，深圳也完成了第一次产业转型。

如今，“特区中的特区”前海被直接定位和命名为深港现代服务业合作区，上升为国家级战略，将全面构建两地制度创新、要素多元的实验区。

我们读深圳，也读香港，更多的是读“深港”利益共同体，探究未来双城能否更默契地互补互动，参与全球的国际经济格局竞争。

初识：深港合开“前店后厂”

深南大道——这条长达25.6公里的城市道路连接着深圳几乎所有重要的政治、商业机构，深圳市委市政府、著名的华强北、深交所等机构都分布在这条道路两侧；沿着深南大道往西，就是南山区，那里分布着中国最知名的几家科技公司：腾讯、中兴等。

回顾历史，深南大道也见证了深圳的逐步成长——

最老城区罗湖曾大量承载加工贸易出口业，中心城区福田是金融业聚集的CBD，南山则是高新科技产业创新地。她是名符其实的“深圳大道”。

很多人不知道的是，这条深南大道当初只不过才2.1公里长。1979年，深圳市成立。为了不让飞扬的尘埃把刚跨过罗湖桥的港商“呛回去”，市政府决定对深圳通往广州的107国道进行改造。于是，蔡屋围到上步2.1公里的碎石路面被铺上沥青，“深南路”由此诞生。

这一修路初衷的细节也从侧面反映出，香港在深圳产业经济发展中所扮演的重要角色。

作为亚洲“四小龙”之一，20世纪80年代的香港依赖劳动密集型产业的出口优势赢得巨大经济发展，但随之带来的人力和土地成本增高，也很快让香港的传统产业在世界竞争中，失去了比较优势。

与此同时，一河之隔的新建特区深圳却恰恰在这两点上拥有优势，再加上有意以灵活的管理体制和特殊的优惠政策吸引外商和港澳台商人投资兴业，一时间，大量港企跨过罗湖桥，将自己的“生产车间”迁移到深圳，形成一种“前店后厂”的模式。

港人孙国华就是其中一员，他的生意是给电脑、打印机、医院检测仪器等设备做内部金属构件。1989年，香港人孙国华将工厂搬至深圳，成为深圳较早一批来料加工企业。20多年时间里，工厂的年销售额从百万元增长到超过3亿元。

资料显示，从1979年到2000年3月，香港制造业已有85%以上迁到内地。香港在内地的实际投资额超过1400亿美元，占内地吸引全部外资的51.5%。而这期间，深圳也完成了第一次产业转型，即由特区建立初期的以建筑业和贸易业为支柱产业的经济，转型为以加工贸易为主的外向型传统轻工业品制造经济，并为深圳日后的经济快速发展积攒了“第一桶金”。

从2.1公里开始，随着深港合作的不断加强，这条“深南路”一路向西，贯穿原特区内三区，形成今日的“深南大道”。

高交会的出现，恰恰是那个时代深港两座城市的第一次“角力”，深圳的城市发展迫切需要一次对“前店后厂”模式的突破。

角力：深圳办高交会谋转型

1999年10月5日，科技实力不如北京、上海的深圳排除万难，举办了首届中国国际高新技术成果交易会（以下简称“高交会”），这也成为深圳产业转型的一次标志性事件。

在首届高交会中，共有各省市、国内外著名院校、美德日等国86个团组参会，4000多个项目登上交易台。会展结束时，共成交项目1459项，成交总额达65亿美元。正是借助首届高交会这个平台，才成立一年的腾讯获得了第一笔风险投资，步入了快速发展的轨道。现在，高达193米的腾讯大厦耸立在深南大道北侧，成为新地标。

事实上，高交会的出现，恰恰是那个时代深港两座城市的第一次“角力”，深圳的城市发展迫切需要一次对“前店后厂”模式的突破。

港商赴内地投资的结构促使了香港本土产业彻底转

型。20世纪90年代中后期，香港凡是需要多用劳动力的生产工序几乎已全部移到内地，香港逐渐变为只负责较复杂的产品设计、市场调查等内地加工业的服务或辅助部门，这些变质的制造业，正是服务业。

此时深圳由于改革开放向国内腹地延伸，在政策上的优势越来越弱化。深圳提出“二次创业”的口号，率先提出调整产业结构、发展高新科技等支柱产业的发展观。但当时这一提议在深圳引起不少争议，认为高科技风险大，且应该是大学和科研院所做的事，而深圳本科高校仅一所。随后，深圳想邀香港一同发展高科产业，但香港未有意愿及能力回应。

在政府的一系列推动下，深圳高新科技产业最终得以稳步前行，而这一产业也带动了相关产业的发展。深圳会展中心附近的区域，一大批包括证券、基金、信托等业态的金融公司落户，沿着深南大道排开。

蜕变：联手打造“创新圈”

腾讯的壮大让深圳的科技企业如雨后春笋般激增，一出深南大道进入南山区，路段两边便可见大量这类企业。而香港却因此被坊间评论界所诟病。由于缺少高新科技产业，香港诸如技术后勤及咨询服务、专利登记等相对滞后，服务业难以得到全面发展。

“前店后厂”模式培育了一批能够按照现代技术生产、加工和管理的人才、设备和配套服务。一些中小民企开始挤压港企的生存空间，再加上深圳的人力、地价上涨，金融风暴对香港的冲击，“两头不到岸”的尴尬局面引发香港也开始进行产业结构升级。

“大概从2003年开始，就能清晰感觉到原先香港第一代是做纺织、机械开厂发家的，第二代做金融、商业致富的那些‘富二代、富三代’变成了‘科二代、科三代’。”62岁的深港科技合作促进会会长、深港产学研基地副主任张克科说，“房地产的钱又流到科技领域，比如香港首富李嘉诚当时把钱投给小儿子李泽楷做互联网和新传媒，就是这样一种转变。”

官方很快感受到市场的变化，2007年5月，一个由深港两地政府与民间力量共同促成的“深港创新圈”落地，目的是汇聚双城创新资源、产业链以及创新系统，形成一个跨城市、高聚集的区域创新体系及产业聚集带。很快，总投资1.6亿美元、预计年产值超过2亿美元的杜邦太阳能薄膜电池板项目成为创新圈和两地联合招商的首个重大高新技术项目。

当时香港具有世界一流的基础研究，但缺乏坚实的高新技术产业基础。深圳虽说具有国内最大规模的高新技术产业，但缺少大院大所，一直以来都是深圳区域创新体系的缺陷。

深圳社科院一位专家表示，当时香港具有世界一流的基础研究，大学、科研院所以及科研机构优势明显，但缺乏坚实的高新技术产业基础，其基础研究领域的优势难以通过产业化进行充分发挥。深圳虽说具有国内最大规模的高新技术产业，但缺少大院大所，这一直以来都是深圳区域创新体系的缺陷。

引爆：前海抢夺世界先机

“提升高新技术产业”是2010年深圳第三次转型的

核心之一。首批是生物、新能源和互联网，随后又相继将新材料、新一代信息技术和文化创意纳入，统称为“六大”。从事这些产业的相当部分公司，都在沿着深南大道往西的深圳科技园。

就在这一年的7月，在深圳长大的26岁青年博士刘若鹏带着自己平均年龄只有30岁左右的研究团队，在深圳南山科技园成立光启高等理工研究院。此时的他，因以第一作者的身份在世界顶尖期刊美国《科学》杂志发表了一篇关于超材料的论文，且率领团队成功研制出“隐形衣”，而轰动中国和世界。如今刘若鹏的研发团队已发展成为拥有近300人的光启超材料团队，并以平均每周申请25项专利的速度，悄然成为世界超材料领域的引领者。

“深圳要在未来国际竞争中占据有利地位，就必须抢抓战略性新兴产业发展的历史机遇，在新一轮科技竞争中掌握主动权，提升国际竞争力。”近几年，外界在多种场合都会听到深圳市市长许勤的这番话。2013年深圳人代会开幕当天，许勤给出这样一组数据：2012年深圳全年生产总值增长10%左右，突破2000亿美元。其中，重点扶持的战略性新兴产业项目已达到2000多个，总体增速为经济增速的两倍以上，占全市生产总值比重超过25%，深圳成为国内战略性新兴产业规模最大、集聚性最强的城市之一。

与此同时，被国家确立为“深港现代服务业合作区”的前海也首次在政府工作报告中获得较多着墨。前海位于深南大道尾端西南方向，距离大道仅两三公里，而它正是此轮深圳转型升级的另一核心——高端服务业的实验区。自2012年6月月底国务院批复前海22条特殊政策至今，包括跨境人民币贷款、境外高端和紧缺人才个税补贴、外商股权投资、港人担任前海会计事务所合伙人、产业准入目录等14项已落实，其余的也将在2013年上半年全面落地。

记者观察

深港须抱团参与全球竞争

沿着深南大道，从罗湖到福田，再到南山，今天深港合作的步伐又走到了前海。

对深港两座城市来说，前海是一个新的交汇点。深港进行现代服务业的深度合作，将使原来一直作为“后厂”的深圳成为“前店”，从而形成双方在高端服务产业上分工互补、互利共赢的发展格局。即香港的优势借助前海可以延伸到内地，开拓内地广阔的发展腹地和内需市场，深圳经济则走向产业链的高端，实现跨越式发展。

被国家确立为“深港现代服务业合作区”的前海也首次在政府工作报告中获得较多着墨。它正是此轮深圳转型升级的另一核心——高端服务业的实验区。

“其实前海建立之初，港方有不同态度。”前海管理局副局长、首席新闻发言人何子军说。何子军所说的这些“反对”，其实是香港流传的一种“深圳威胁论”所致，即部分港人认为，前海的出世可能在香港最为支柱的金融业上夺取风头。不过，一份券商研究报告认为，香港与内地的金融业务不能畅通，构成了香港金融业发展的阻碍，香港突破困境的出路，恰恰在于与珠三角融合，“前海在某种程度上有利于弱化香港金融地位‘边缘化’的担忧”。

“三年下来，香港对于前海的认同度和投资热情都越来越高，很多香港大企业和财团都已在与前海洽谈。”何子军说，政策落地和基础设施的开发为前海招商引资带来明显刺激效果。“我们现在按正常量已经是每天要接待20—30批次以上的企业。”招商联络处副处长张锋说，2012年该局共批复入区项目302个，注册金额合计372.7亿元人民币。批复入区的企业中，金融企业240家，占比78.5%。从企业性质上看，有外资企业49家，其中港资企业占到九成以上。

“我们不否认深港之间有部分竞争存在，但从更大视野看，香港不是在跟深圳竞争，而是在跟新加坡、东京、纽约和伦敦竞争。香港面临的更大问题是如何与深圳形成一个互补、互动的合作，形成一个区域的整体来参与全球竞争。”何子军说。

（南方日报记者　张玮）

佛山VS无锡
姊妹城市转型路上的竞与合

在产业结构调整和经济发展全面转型的道路上，无锡、佛山这对姊妹城市展开了赛跑。

在珠三角和长三角的版图上，有两颗引人注目的“明珠”，分别是有着“岭南明珠”之称的广东佛山和“太湖明珠”美誉的江苏无锡。这两座城市虽分别位于华东、华南，却在气质和内涵上颇为相似——佛山在清代拥有“天下四大聚”的繁华，无锡向来以“小上海”著称。1987年，佛山与无锡缔结为姊妹城市。

这对姊妹城市同为经济重镇，且城市规模、发展取向、GDP总量比较接近，经济发展历程亦呈现多个共同特征。在中国城市的多个排行榜单上，两市多次为地级市“老大”的交椅展开争夺。中国社科院日前发布的2013年《城市竞争力蓝皮书》显示：佛山是唯一挤进综合竞争力前十的地级市，而无锡是内地最宜居城市。

如今，在转型升级的经济格局下，佛山和无锡之间的竞合关系又该如何继续演绎?

拼转型升级

2008年的国际金融危机给传统经济发展方式敲响了警钟，迫使各地的经济发展方式从传统资源依赖型、投资驱动型向创新驱动型转变。

巧合的是，佛山和无锡的真正转型均肇始于2007年。当时，佛山深感传统产业低迷给转型升级带来的压力，开始不断加快推进产业结构调整；无锡人也清晰地记得，2007年的太湖水危机给他们“当头一棒”，并自此开启了转型之路。

在产业结构调整和经济发展全面转型的道路上，无锡、佛山这对姊妹城市展开了赛跑。

作为岭南制造业重镇，佛山一直拥有雄厚的工业实力，在过去几年中，尽管遭受国际金融危机冲击，但经济依然实现了较为强劲的增长。2010年，佛山规模以上工业总产值在2008年突破万亿元大关的基础上达到14781.6亿元，首次超过广州。

然而，佛山第三产业占GDP的比重一直不高。2012年，佛山的第三产业占GDP比重甚至没有完成既定目标。无锡的第三产业则发展强劲。无锡市发改委服务业处处长俞勇军告诉南方日报记者，2012年，无锡市实现服务业增加值3418.90亿元，比2011年增长11.3%，占地区生产总值比重45.2%；服务业完成投资2179.23亿元，增长17.8%，占全市固定资产投资比重达到60.2%。

在第三产业快速发展的带动下，无锡市的产业结构不断优化。2012年，无锡的三次产业比重调整为1.8：53.0：45.2，二、三产业比重相差首次缩小到10个百分点以内。同期，佛山市的这一数据则为1.9：62.5：35.6。

放到更长一段时期来看，数据显示：佛山从2003年到2012年，第一、第三产业的比重呈下降趋势，第二产业比重呈上升趋势；反观无锡，从2003年到2012年，第一、第二产业的比重呈下降趋势，第三产业的比重呈上升趋势，且越来越接近第二产业占比。

无锡二、三产业比重逐年接近，在第三产业快速发展带动下，无锡产业结构不断优化。

佛山经贸局相关人士表示，快速增长的制造业对生产性服务业在数量、种类上的需求会越来越多，这将促进佛山服务业的发展。此外，落户佛山的中德工业服务区通过对接国际最先进制造水平的技术合作平台，将以先进、高效、完善的高技术服务体系向省内乃至国内输出“佛山服务”品牌，从深层次助推广东乃至中国传统产业、实体经济实现内涵式增长。

落户佛山的中德工业服务区对接国际标准，将以先进、高效、完善的高技术服务体系输出“佛山服务”品牌。

佛山南海金谷产业园内一家光电企业的LED展示灯。（卢奕诚　摄）

拼新兴产业

在转型过程中，佛山和无锡都把发展战略性新兴产业作为重要抓手。两市虽然起步时间点接近，但无锡的相关力度无疑更大，在某些领域已走在佛山前面。

在谈及佛山的物联网等新兴产业，以及通过“四化融合”建设“智慧城市”等话题时，多位专家学者、业内人士经常拿无锡与佛山对比。

“无锡的经济总量、产业结构、经济发展水平等和佛山非常接近，但无锡在把握新兴产业发展机遇方面已经夺得先机，某些方面甚至走在了上海的前面。”产业战略和信息化专家赵刚博士表示，佛山在发展物联网、推进“四化融合”的过程中，应当学习无锡这种敢为人先的气魄。

近年来，佛山市及辖内的区县党政与企业代表团纷纷赴无锡学习取经，汲取后者在引进外资经济、引进高科技人才和推动高新园区建设等方面的先进经验。

近日，南方日报记者走进无锡（太湖）国际科技园，发现一幢双子楼尤其引人关注，楼顶“感知中国中心”几个大字像磁石一样，吸引着来自全球各地最顶端的传感网研究机构和企业。据介绍，这里拥有国家级的物联网产业园以及研究院，汇集了全国最顶级的人才，如今产业规模总值已超过600亿元。

诚然，无锡尚德破产对当地光伏产业发展的打击不可忽视，当地官员对此并不讳言，但不可否认的是，以物联网为代表的新兴产业之火已在这个太湖之畔的城市点燃，并熊熊燃烧起来。

无锡市发改委相关负责人告诉南方日报记者，2012年，无锡市八大新兴产业实现总产值6043亿元，比2011年增长9.3%，顺利实现新兴产业双倍增计划的第一次倍增目标。其中，软件和服务业外包、工业设计和文化创意产业增长强劲，分别为34.4%和16.0%。

"无锡在长三角的地位本来也并不突出，但先行一步的无锡，已经争取到国家级传感中心的落户，在云计算技术方面也抢得了先机。"赵刚说，佛山在今后信息化与物联网的推进中，要尽快创新机制，并加快资金、人才的引进，同时循序渐进，与本地的经济社会发展的现实需求结合起来，体现佛山特色，通过信息技术推动传统产业的升级，培育现代服务业。

实现经济转型，实质是实现经济驱动力的转变。对一座城市而言，要成功转型，提升自己的核心竞争力，其关键在于创新。当前，佛山和无锡均在大力实施创新驱动发展战略，目标均剑指建设国家创新型城市。

拼创新能力

实现经济转型，实质是实现经济驱动力的转变。对一座城市而言，要成功转型，提升自己的核心竞争力，其关键在于创新。当前，佛山和无锡均在大力实施创新驱动发展战略，目标均为建设国家创新型城市。

衡量一个地区创新能力的核心指标是研发投入占GDP比重（R&D），2011年，佛山R&D仅为1.82%；而无锡是2.6%，2012年升为2.7%，已达世界发达国家水平。以此观之，佛山与无锡在创新投入与创新能力上相差较远。

从创新来源和主体来看，无锡的创新主体更为多

无锡正在打造中国首个“感知城市”，图为无锡新区物联网展示中心。

元：一方面鼓励当地民营企业加快转型发展，同时积极招商引资，注重引入一大批具有成长性的科技型企业，特别是注重对领军型人才和团队的引进。

比如，无锡本土知名老牌企业红豆集团，此前做服装为主，如今已转型为拥有服装、轮胎、生物制药和房地产四大主业的跨行业集团。“在企业的转型过程中，我们的战略是适度多元化、高度专业化，通过大力度引入高级人才，用研发优势替代低成本优势，增强企业竞争力。”红豆集团副总经理王竹倩介绍。

而作为传统制造业重镇和以民营经济为主体的佛山，转型更多是从原有的制造业基础上起步，创新的主体多为民营企业。

“面临着金融危机之后又一亟待突破的关键时期，佛山民营企业如果还是走粗放路线，会越来越没有出路。创建创新型城市，在某种意义上才是佛山唯一出路。”佛山市委书记李贻伟指出。

当前，佛山越来越多的中小企业通过借助与中科院等科研机构合作，开始收获科技带来的硕果。广顺集团总裁吴全透露，广顺与中科院10个研究所开展了总共12个项目合作，遍布新能源、新材料、新材料装备、自动化装配检测等领域，2013年预计为广顺新增1亿元的销售额。

类似这样与中科院开展的院市合作项目，佛山共有700余项，覆盖电子信息、先进制造、新能源与节能环保、生物技术、新材料等众多领域，育成高新科技企业41家，形成新产品100余项。其中50多项已实现产业化，各项指标均居中科院在全国各地组建的育成中心前列。

从创新来源和主体来看，无锡的创新主体更为多元：一方面鼓励当地民营企业加快转型发展，同时积极招商引资，注重引入一大批具有成长性的科技型企业，特别是注重对领军型人才和团队的引进。

背景链接

佛山与无锡：20多年的姊妹城情缘

1987年1月15日，佛山与无锡正式缔结为姊妹城。一个是“岭南明珠”，一个是“太湖明珠”，两座城市的大手紧紧握在了一起，正式拉开两地在社会、经济、文化等领域“携手合作、共同发展”的大幕。

二十多年来，佛山、无锡的经济发展历程均呈现出多个共同特征，如其乡镇工业、乡镇企业、传统产业、民营经济、县域经济均在中国近现代经济发展史上书写了辉煌一页。

两地的城市规模、发展取向比较接近。在两地的“携手合作、共同发展”上，佛山与无锡形成了你追我赶、齐头并进的良性局面，无论是经济总量、产业特色，还是城市文化发展，在珠三角和长三角两个经济圈中均保持前列。特别引人瞩目的是，在中国县域经济的发展上，佛山的顺德、南海与无锡的江阴多年来领跑，名列中国百强县的前列。

如今，佛山和无锡作为珠三角和长三角两个经济圈中的区域性中心城市，两地的交流已经从政府层面向经济、企业、文化传媒等领域深度推进，日常交流已触及社会经济文化的各个层面。

进入21世纪后，两座城市的快速发展均引起国内各大城市的巨大关注，两地政府以及各有关方面一直保持着密切的联系和交流。

同时，企业界、企业家的交流日趋活跃和频繁。目前“粤苏4＋4青商合作联盟”年度峰会先后在佛山南海、无锡江阴等地举办，将佛山与无锡企业界的交流与合作向纵深推进。

专家视点

佛山要通过转型继续做强优势产业

佛山市政府专家顾问团顾问、广东省社科院竞争力研究中心主任丁力认为，佛山应该意识到本土企业家资源最值得珍惜，不论它是做什么的，只要有先进的经营理念与能力，政府就应该予以扶持。

2012年11月月底，佛山向外界公布其创建国家创新型城市的规划。据悉，佛山计划未来5年投入100亿元创新资金，带动社会1000亿元投入创建国家创新型城市。这是继“广东最大先进制造业城市”后，佛山又一个重大的城市战略目标。

佛山当前要做的，还要向视创新为生命力的无锡这类城市全面看齐。佛山市副市长刘伟认为，佛山过去一直在推动创新发展，但相比周边兄弟城市和长三角城市，佛山的力度还要继续加强。

在丁力看来，佛山已感受到无锡等长三角城市的挑战，如果能够认清形势，在新一轮宏观调控下，延续传统制造的生命力，在延续的同时，尽快转型升级，“我认为，佛山是有戏的”。

记者观察

建设“智慧政府” 提升“软服务”能力

佛山与无锡的双城碰撞，换一个角度来看，实质上是政府“有形”之手与市场“无形”之手应如何相得益彰，共推经济转型升级。

从政府与市场关系的维度来看，由于最早对外开放，且毗邻港澳，相比内地，珠三角地区的市场开放程度更高、自由度也更大，政府则显得较弱势，偏重服务型角色；而以“无锡模式”为代表的长三角，政府则较为强势，直接参与到经济活动中，对资源的支配能力更强。

从政府与市场关系的维度来看，由于最早对外开放，且毗邻港澳，相比内地，珠三角地区的市场开放程度更高、自由度也更大，政府则显得较弱势，偏重服务型角色；而以“无锡模式”为代表的长三角地区，政府则较为强势，直接参与到经济活动中，对资源的支配能力更强。

比如，2008年开展的“双转移”，佛山的传统制造企业搬迁、转型与否，其主动权主要还在企业手中，政府最多是起到劝说和鼓励的作用。

无锡则是另外一番景象。2007年，太湖蓝藻污染事件爆发后，无锡市痛定思痛，决心大力转型，一声令下，不符合要求的企业纷纷搬离，其中以无锡钢铁厂为代表。此后，一座崭新的太湖新城迅速拔地而起。

两市政府部门对企业与市场的影响可见一斑。

相比长三角其他城市，无锡的新兴产业发展最为引人瞩目：率先成为物联网产业发展的高地。其中，无锡市政府“有形”之手起到了主导作用，其中最受关注的是“530计划”。该计划于2006年启动，意在5年内引进不少于30名领军型海外留学归国创业人才，重点是环保、新能源、生物三大先导产业，以及服务外包、文化创意等产业的创业领军人才。

无锡尚德无疑曾是“530计划”的最佳代表作。简单梳理一下尚德十余年来的发展史，不难看到，地方政府的推手一直存在，利用政府与资本的双重力量，为企业经营创造条件。

不过，当经济环境转冷、企业遭遇困境，江西赛维与无锡尚德的接连事故表明，政府“有形”之手的推力也必须遵循市场“无形”之手的规律。无锡当地官员也表示，无锡正在反思尚德教训，政府将不再过多涉足企业投资与经营。

尚德事件开始引发外界对“无锡模式”的反思。但要看到，在新兴产业的发展环境上，还需政府“有形”之手的营造，如今以物联网产业为代表的新兴产业已在无锡燃起熊熊火焰，其较好的产业基础和良好的产业环境正吸引全国乃至国外的优秀人才、团队和企业进驻。

记者在无锡走访期间处处能感受到无锡的求贤若渴，其引进力度和举措之大，其他城市难出其右。同时，良好的创新环境和产业配套环境也很能吸引和留住高端创新创业人才和团队。这些都值得佛山及珠三角城市认真学习借鉴。

宽松自由的市场环境一直是广东为之骄傲之处，也是广东经济过去能持续多年高速增长的法宝。但就如政府不是万能的一样，市场只是配置资源的基础性手段，转型升级还应借助政府的“有形”之手协同推进。

从佛山与无锡的对比来看，我们需要找到市场与政府之间的平衡点。佛山要做的是，在打造“智慧城市”的同时，要努力建成“智慧政府”：既充分发挥我们原来市场体系的优势，又进一步提升“软”服务能力，早日构建一流的法治化国际化营商环境，为深化转型升级破除掣肘，打造自身的核心竞争力。

（南方日报记者　黄应来　贾抒）

宽松自由的市场环境一直是广东为之骄傲之处，也是广东经济过去能持续多年高速增长的法宝。但就如政府不是万能的一样，市场只是配置资源的基础性手段，转型升级还应借助政府的“有形”之手协同推进。

惠州VS南通
两座古城探索赶超“进阶”之路

2013年5月月底，惠州市迎来了一批特殊的客人。他们是由江苏省委书记、人大常委会主任罗志军，省委副书记、省长李学勇，省政协主席张连珍所率领的江苏省党政代表团。在短短的三天时间里，江苏省党政代表团考察了广州、深圳、惠州三市，惠州是他们此行的第二站。

在观察人士看来，江苏省党政代表团在惠州的考察点颇耐人寻味。TCL液晶产业园是电子信息产业集群的典型，金山河综合整治工程代表着环境整治和生态建设的成果，而博罗县罗阳镇田牌村则反映统筹城乡发展、打造生态休闲名村的成就。

在江苏省党政代表团的成员中，记者注意到，南通市委书记丁大卫看得格外认真。

惠州市委书记、市人大常委会主任陈奕威在介绍中称，惠州将认真学习借鉴江苏等发达地区的先进经验，实现更有质量的发展、更高水平的惠民，力争2017年经济总量突破5000亿元，进入珠三角第二梯队。

惠州与南通，一个是快马加鞭，正在迎头赶上希望“尽快进入珠三角第二梯队”；一个是刚刚实现了从崛起苏中到融入苏南，进而“挺进长三角核心圈”的振兴。两座同样有着悠久历史的城市，区位相似、处境相同，虽然发展路径不同，但是就这样心照不宣地完成了一次信息交换，共同探索加快赶超“进阶”之路。

曾经的辉煌与落寞

20世纪80年代末，有一句口号曾广为流传：“80年代看深圳，90年代看惠州。”虽然当时的惠州经济规模比不上深圳，但对大亚湾熊猫汽车城、中海壳牌、惠州港等一系列重大项目的规划发展预期，让惠州人无比兴奋。

与此同时，90年代初期，全国处于房地产开发的热潮，惠州与海南海口、广西北海一道成为全国三大开发热点，是房地产投机狂潮最集中的地区之一。作为当年的淘金者之一，惠州房地产从业人员赖霖对此印象深刻。他就在当时惠州房地产市场最疯狂的时候入市，他说，那时候房地产市场比现在还热闹。

半城山色半城湖，是惠州美丽的风景线。（王小飞　摄）

惠州与南通，一个是快马加鞭，正在迎头赶上希望“尽快进入珠三角第二梯队”；一个是刚刚实现了从崛起苏中到融入苏南，进而“挺进长三角核心圈”的振兴。

然而现实却非一帆风顺。因种种原因，熊猫汽车城撤资，惠州港国际化进程止步不前，中海壳牌项目也一直处于研究阶段。自1993年下半年开始，由于国家采取宏观调控政策，严控房地产贷款，惠州绝大多数房地产企业纷纷关门，留下了不少烂尾楼。赖霖也一度放弃了房地产业，转为经营餐厅。

惠州市委副秘书长廖巍，就是“被1993年那股风吹来的”。从7月份报到时的热闹喧嚣，到12月份宏观调控的突然萧条，十年调控，十年再起步，她亲眼见证了惠州这20年来的起起落落。

然而，就在惠州深陷泥淖的同时，周边的深圳和东莞抓住机会大力引进“三来一补”企业，承接国际产业转移，创造了一个又一个经济奇迹。惠州已然错过了一轮黄金发展周期。

如同惠州当年未能跟上邻居深圳、东莞的发展步伐一样，南通也是眼睁睁地看着与和自己一江之隔的苏州的差距越拉越大。

新中国成立后，南通的工业发展一直走在前端，改革开放之初，南通是最早确定的14个对外开放城市之一，更一跃成为全国工业经济效益名列前茅的“明星”城市，与苏州、无锡、常州并称“江苏四小虎”。

但随着改革开放的逐渐深入，南通“有江无跨江大桥”、“有海无深水大港”的交通瓶颈对经济发展的负面影响逐渐凸显。1985年前后，南通逐渐陷于经济发展的低迷期。

南通市委党校教授季建林这样回忆南通的逐渐落后。他说，交通的不畅，使南通逐渐成为偏居江北一隅的交通末梢城市，与此同时，南通的经济也相应地渐渐从江苏第一方阵掉队，在长三角趋于边缘化，一些主要经济指标甚至一度跌落全省末位。

迎来拐点后的跨越式发展

历史的车轮驶入21世纪，惠州与南通，这两座古城积攒了多年的能量，不约而同地在此时迎来爆发的契机。

惠州市是如何走出房地产泡沫的阴影，当地人已经记不清具体的细节。但有人告诉记者，印象最深刻的是那段时间惠州市高层连续开了十几天会，探讨如何理清思路、解放思想，作出“起步虽迟，起点要高”的战略部署。1994年，惠州市委、市政府提出“工业立市，科教兴市，依法治市”的总体构想，同年3月下发《关于实施向工业倾斜政策加快工业发展的决定》，重点扶持和发展大企业集团，建立惠州工业支柱产业，逐渐培育一批在国内外声誉较高的名牌产品。

思路的转变促使改革开放模式的创新，惠州通过授权经营、控股经营、资产重组、资本经营等行之有效的措施，把小企业放开搞活。

思路的转变促使改革开放模式的创新，惠州通过授权经营、控股经营、资产重组、资本经营等行之有效的措施，把小企业放开搞活。以TCL、德赛等几大国企为代表的新兴电子信息产业迅速崛起，成为惠州的产业支柱。从2001年起惠州电子工业每年净产值超过100亿元。2004年，惠州市电子工业总产值841亿元，占全市工业总产值的54%，并获得国家首批电子信息产业基地称号。

历史的转折点发生在2002年。总投资额达43亿美元的中海壳牌南海石化项目于该年11月建设奠基，在2005年12月月底如期完工，并于2006年2月成功投产。随着中

2008年，随着“世界第一斜拉桥”苏通大桥的正式通车，南通又迎来经济加速腾飞的“大桥大港”时代。（韩瑜庆　摄）

海壳牌、中海油等石化大项目的落户，引发了巨大的产业聚集效应，众多产业巨头纷纷投资惠州，石化产业成为助推惠州发展一大支柱产业，奠定惠州百年发展格局。

现如今，惠州依托大亚湾和仲恺两个国家级开发区，积极推进世界级石化产业基地和国家级电子信息产业基地建设，已然形成了石化、电子两大产值超千亿元的产业集群。数据显示，2012年，上述两大产业总产值达3753.3亿元，占规模以上工业总产值的68.3%。其中，电子信息产业总产值2336.6亿元，同比增长25.8%，形成了平板显示、移动通信、LED、新能源电池、汽车电子等五大产业群；石油化工产业总产值1416.8亿元。

两大支柱产业齐发力让惠州迎来了跨越发展，在国际金融危机肆虐的“十一五”时期，惠州经济仍实现年均15.4%的高增长；生产总值从1000

亿元到2000亿元，仅用了4年时间。近年来惠州的经济数据依旧靓丽：2012年惠州GDP增幅在珠三角居首；2013年第一季度GDP增幅居珠三角第二位。

与惠州类似，南通的城市发展转折点出现在2001年。连接南通、苏州与上海的苏通大桥的立项，令南通迎来了新的生机。2008年6月，苏通大桥正式通车，将南通与上海的时间距离从3.5小时大大缩短至1.5小时，正是这1.5小时生活圈，让南通人在招商时喊出了“投资南通就等于投资上海”的口号。

地缘劣势立马转为优势，使南通经济又一次站上了高速发展的舞台。苏通大桥启用前后，南通民营经济实现爆发式增长。2005年，南通经济发展速度突飞猛进，工业经济、民营经济、外向型经济等主要经济指标一跃而上，有的甚至坐上江苏省的第一把交椅。随后三年，南通的GDP增速一直是江苏省第一，2009年更是在长三角16个核心圈城市中列第一位。

2012年，南通GDP总量达到4558.7亿元，比2011年增长11.8%，三次产业结构为7∶53∶40，在苏中和苏北一骑绝尘。

惠州依托大亚湾和仲恺两个国家级开发区，积极推进世界级石化产业基地和国家级电子信息产业基地建设，已然形成了石化、电子两大产值超千亿元的产业集群。

苏通大桥通车，将南通与上海的时间距离缩短至1.5小时，地缘劣势立马转为优势，使南通经济又一次站上了高速发展的舞台。苏通大桥启用前后，南通民营经济实现爆发式增长。

相似的条件，不同的路径

就在2013年3月，省政府参事、省委党校教授陈鸿宇随同专家组前往江苏，调研了南京、南通、盐城、苏州等市。

在陈鸿宇看来，惠州与南通除了起步时间接近之外，区位条件也比较类似：南通是“靠江靠海靠上海”，背靠经济发达的上海与苏南地区，南有长江黄金水道，东临黄海；而惠州紧挨珠三角核心地带，濒临南海，正是大亚湾得天独厚的区位优势，才得以引来中海壳牌南海石化项目的落户。

“惠州和南通的条件相近，但路径不同。”惠州市委副秘书长、市委政研室主任袁清山接受南方日报记者采访时表示，南通主要依赖打破交通瓶颈，进入上海一小时经济圈，而惠州在跨越式发展中走得更多的是充分利用大项目辐射带动的路径。

袁清山特别指出，惠州虽然起步晚，但起点比较高。“所谓‘十年磨一剑’，如果不是之前长达十年的沉寂和不懈努力，比如熊猫汽车城那片地，也就是大亚湾，可能早就搞‘三来一补’干掉了，那就没有现在的石化，不会成为惠州腾飞跨越的板块，也就没有惠州今天的地位和总量。正因为耐得住寂寞，守住了这一片热土，才有梧桐树引来了凤凰。”

对于这种“耐得住寂寞”的等待，南通人同样深有体会。

从南通结束采访之后，记者赴上海乘机返回广州。汽车驶经苏通大桥，一个半小时的工夫，记者已经抵达上海虹桥机场，恍惚间如同同城。

南通当地人对此有个形象的说法：他们是从“上海北”，变成为真正的“北上海”。

当地人告诉记者，南通之所以可以在短短几年间快速发展，迎头赶上，大背景上是受益于政策利好，紧紧抓住了长三角发展和沿海开发的两项国家战略，但最主要的还是打破了交通瓶颈，便捷的交通为南通带来了巨大的商流、物流、人流、资金流、信息流，助推南通的经济社会实现跨越发展。

记者还得知，继苏通大桥、崇启大桥后，南通还将新添一条过江大通道，总投资361亿多元、建设工期为5年半的沪通铁路，计划于2013年开建。

现如今，南通有50%以上的企业与上海有着直接业务联系，75%以上的外贸供货额经上海口岸出口，70%以上的农副产品销往上海。南通与上海两地之间的经济联系日趋紧密，南通已成为江苏接轨上海的重要桥头堡和上海重要的经济腹地。

南通是“靠江靠海靠上海”，背靠经济发达的上海与苏南地区，南有长江黄金水道，东临黄海；而惠州紧挨珠三角核心地带，濒临南海，正是大亚湾得天独厚的区位优势，才得以引来中海壳牌南海石化项目的落户。

环大亚湾新区：在经济总量上再造一个惠州

如今，两座古城都站在了新的起点上。惠州立志“尽快进入珠三角第二梯队”，南通则担负着“促进苏中特色发展、加速崛起，推动苏中与苏南融合发展”的使命。

但惠州人并不回避这一基本事实：2012年南通GDP为4558.7亿元，是惠州2368亿元的两倍。

巧合的是，惠州市所提出的2017年目标，恰好是突

惠州已在开展“尽快进入珠三角第二梯队”大调研活动，并在制订实施包括平台构建、产业培育、企业成长、人才“双高”、县区赶超、惠民倍增等在内的“六大计划”，探索进入珠三角第二梯队的“惠州路径”。

破5000亿元——与今日的南通大致相当。

这一次，她们不约而同地将目光投向了沿海地区。

陈奕威在接受南方日报专访中透露，惠州已在开展“尽快进入珠三角第二梯队”大调研活动，并在制订实施包括平台构建、产业培育、企业成长、人才“双高”、县区赶超、惠民倍增等在内的“六大计划”，探索进入珠三角第二梯队的“惠州路径”，努力走出经济富裕、政治民主、文化繁荣、社会公平、生态良好“五位一体”协调发展新路。

其中，位列“六大计划”之首的“平台构建计划”，即整合大亚湾周边2168平方公里区域内的资源，建设“惠州环大亚湾新区”，在经济总量上再造一个惠州。

同时，推动仲恺国家级高新区做大做强，力争2017年经济总量达1000亿元。此外，惠州也在重圆“汽车梦”。在惠州产业培育实施计划中，汽车产业的目标是到2017年，实现汽车相关产业产值突破1000亿元。

而南通则明确提出“深化江海联动和跨江合作”，加快推动沿海地区成为新的增长极。特别是要做深做透沿海产业链，培育大型石化、重型装备、能源储备、现代物流等产业群体，推动沿海产业带加速崛起。

南通人不无骄傲地告诉记者，他们已经由“江河时代”跨入“江海时代”。

但在熟悉南通的广东商人唐杰雄看来，惠州与南通的差距并不仅仅在经济总量上。

唐杰雄是2008年决定到南通投资的。这个务实的粤商看中的不仅是南通与上海的1.5小时经济生活圈，很大程度上，还有当地的软实力。唐杰雄特别提到南通活跃的民企氛围：在南通，民营经济对工业增长的贡献率超过60%，个体私营从业人员占全部二、三产业的一半以上，南通是江苏省第2个、全国第6个私营企业总数超10万家的城市。

惠州的民营经济虽较为活跃，但也存在总体偏弱的短板。惠州现有民营企业和个体户24.7万户，2012年，全市民营经济实现增加值887.15亿元，比增12.8%，总量占全市GDP的37.5%，低于全省42%的比重，跟南通市的57.2%的比重更是有不小差距。

对此，惠州已有奋起直追的共识。在前不久刚结束的惠州市两会上，惠州市提出实施“企业成长计划”——坚持“抓大不放小”，在重点扶持100家高科技、高成长性、高附加值中小型企业的同时，培植一大批大型骨干企业，力争到2017年，全市主营业务年收入千亿元企业3家、百亿元以上企业13家、十亿元以上企业100家、亿元以上企业1000家。

“我们正推动一系列改革，打造国际化、法制化的营商环境。”惠州市政府副秘书长高志平告诉南方日报记者，他们所追求的不仅是方便快捷的办事效率，更是制度化、规范化的长效机制，不是强调对个体的、小范围的服务，而把着力点放在制度环境的打造上。“不管是对谁都是一样享受优惠快速高效的服务，对谁都是‘绿色通道’。”

营造国际化、法制化的营商环境，惠州所追求的不仅是方便快捷的办事效率，更是制度化、规范化的长效机制，不是强调对个体的、小范围的服务，而把着力点放在制度环境的打造上。

数据对比

惠州与南通自2004年以来GDP对比（单位：亿元）

	南通	惠州
2004年	1226.06	686.45
2005年	1472.00	803.92
2006年	1780.00	928.92
2007年	2111.88	1117.91
2008年	2510.13	1304.05
2009年	2872.00	1414.70
2010年	3417.88	1729.95
2011年	4100.00	2093.08
2012年	4558.67	2368.03

记者观察

发展中的第二梯队　有幸福感的第一梯队

在惠州采访时，从政府官员到基层民众，记者听到的最多的一句话是：我们不担心5000个亿元的目标能不能实现，我们关心的是，实现5000个亿元之后，我们是不是还有现在的生态环境；当我们的经济发展进入第二梯队时，我们的幸福感是否仍然保持在第一梯队。

记者看到，惠州“五年跨越规划”的指向非常清晰，不单盯住经济总量突破5000亿元这个经济指标，而是国内生产总值和城乡居民人均收入同步实现两个“翻一番”，还有创建国家森林城市、创建国家级历史文化名城、创建国家生态城市和实现全国文明城市“三连冠”等一系列社会生态目标，以“五位一体”整体协调的姿态迈向第二梯队。

最近，惠州获评“2013中国最具幸福感城市”，这是惠州连续四年、第四次获此殊荣，可以说幸福感居第一梯队。此外，惠州的空气质量和饮用水源优良率始终保持100%，连续3年在全国城市环境综合整治定量考核中位居全省第一。

经济高速发展、生态保持良好、群众幸福指数不断攀升，同时具备三个特点的城市为数不多，惠州是其中之一，也是惠州的特色。惠州以“五位一体”的思路，以自己的特色进入珠三角第二梯队的战略选择，使我们对惠州的未来充满期待。

（南方日报记者　吴哲　黄颖川　罗锐　实习生周鹏程　林小玲）

经济高速发展、生态保持良好、群众幸福指数不断攀升，同时具备三个特点的城市为数不多，惠州是其中之一，也是惠州的特色。

东莞VS苏州
制造业名城的转型与求索

两城之争，谁最先完成经济增长方式的转变，谁就能笑到最后

作为中国改革开放的样本之一，两头在外、以外贸出口为导向的东莞模式闻名中外。在2009年之前，外部市场需求的旺盛使东莞模式不可不谓顺风顺水，城市经济一直保持两位数的增长速度，经济总量从2001年时的不足1000亿元一路飙升至5000亿元，以至于制造业内这样形容东莞的世界工厂地位："东莞一堵车，世界就缺货。"

但始于美国的那场金融危机似乎打乱了东莞的惯有节奏。2009年东莞GDP增速急降至5.3%，此后的三年，东莞连续三年没有实现GDP预期增速，而且增幅从2010年的10.3%降至2011年的8%，再到2012年的6.1%，逐年走低。

在东莞的东北方向，长三角，那里有另一座同样以加工贸易起家并取得巨大经济发展成就的城市，就是苏州。这个城市经济总量从2001年的1760亿元，迅速增长到2005年的4138.2亿元，再到2012年的1.2万亿元。

如今，在转变经济发展方式的征程中，两市又同处于产业转型升级的"坎"上。

东莞与苏州，两个同为制造业闻名的城市，相似的经济发展路径，

近年的发展势头为何迥异？未来转型升级的方向又在何方？在东莞的暂时落后和苏州的迅猛势头中，南方日报深入东莞、苏州两市，试图探寻其背后的基因。

汽车在广深高速上飞驰，“厚街”“长安”“樟木头”“虎门”“大朗”……熟悉的地名顺着公路不断出现在分道的路牌上。哪个是东莞？下去便是，但陌生人往往找不到它。组成东莞的，不是传统意义的区和县，而是它的28个镇和4个街道，这些像单体城市一样发达的镇街。

这是个特殊、年轻的地级市。在卫星地图上，20世纪80年代，广州与深圳之间仍未有标注任何城市，90年代后，东莞才逐渐被世界级的地图所收纳。资料显示，东莞于1985年撤县建市（县级市），1988年升格为地级市。也正因此，东莞全市总面积仅为2465平方公里，在广东21个地级市中面积排名倒数第四。

东莞模式，是指两头在外、以外贸出口为导向的经济发展方式。

东莞与苏州，两个同为制造业闻名的城市，在转变经济发展方式的征程中，又同处产业转型升级的“坎”上。

东莞模式：承接香港产业转移创造的奇迹

是什么让一个农业县在短短数年从县升级为县级市，再升格为地级市？回顾东莞的经济发展路径，正是2000年前被普遍赞赏，但近年越来越多被质疑的东莞模式。

东莞模式，是指两头在外、以外贸出口为导向的经济发展方式。这种模式的最大优势是在没有任何技术和资本积累的情况下，地区快速走上工业化道路；但这也几乎是其最大的劣势，由于整个制造体系是从外部直接植入，而非其自身肌体内自发生长的产业体，这种如游牧民族一样逐水草而居的产业并不能为该地区带来长远稳定的发展。

但彼时的东莞，只能选择这种模式。

20世纪80年代，在成本上升的挤压下，香港繁荣几十年的本地出口加工业迫切需要转移，一线之隔的广东成为首选地。但在广东众多的城市中，东莞的条件并不突出，东莞虽有大量的海外华侨，但比起潮汕、江门相形见绌；东莞本地并无工业基础，远比不上顺德、南海。但与深圳相邻，地处深圳与广州的中点，是东莞的最大优势。

现年近70岁的东莞原市委书记李近维是带领东莞从小农经济到商品农业，再到工业化起步的主政者。这位在东莞从政30多年，其中担任县委书记、市委书记时间就跨了13个年头的老人，回忆起当年引入加工制造业，依然为这种解放思想的创举而自豪。他说，发展加工贸易是让东莞人富起来、城市发展起来的最快最优途径，“尽管这样发展起来的工业会有这样那样的后遗症，但起步的时候，只能这样选择”。

资本是经济发展的第一推动力。李近维回忆，改革开放初期，刚进入商品农业阶段的东莞并无任何资金积累，唯一可行的办法是引进外资。“我们既要接受香港的辐射带动，又要避免与其竞争，才有源源不断的外资进来——这意味着，东莞发展的产业必须与香港本土产业既有配合又有互补，这些外资才能带动我们发展，也离不开我们。”

正是这样的部署，东莞在服装、家具、灯饰等产业快速实现了工业化，东莞也迅速从传统的农业县蜕变为工业城市。到20世纪90年代，东

东莞松山湖创新科技园。（苏仕日 摄）

莞又成功承接台资和韩资、日资等国际资本的转移。尤其是台湾IT企业的转移，使得东莞逐渐融入了全球产业链，成为世界制造业的重要基地之一。

以2008年世界金融危机为界。1978—2007年，东莞累计签订利用外资合同37376宗，累计实际利用外资341.5亿美元，年均增长43.1%；同时，2007年东莞出口602.32亿美元，比1979年增长1118倍，30年间年均增长28.8%。

短短二十多年间，东莞从白手起家，到完成原始资本和原始技术的积累，这些无疑为其今后的发展和转型奠定良好的基础和较高的平台。东莞模式创造了东莞历史上最为壮阔辉煌的发展时期，而这种能促使经济快速实现跨越式发展的模式也被苏州等其他城市所复制。

改革开放初期，刚进入商品农业阶段的东莞并无任何资金积累，唯一可行的办法是引进外资。既要接受香港的辐射带动，又要避免与其竞争，才有源源不断的外资进来——这意味着，东莞发展的产业必须与香港本土产业既有配合又有互补。

苏州：复制与超越

20世纪90年代后期，苏州犹如一匹黑马，快速的经济增长使其在城市竞争中脱颖而出。2012年，苏州以GDP 12011亿元经济总量在全国城市排名第六，比第五名的深圳仅少938亿元。

这是个历史悠久的古城。历史记载，自明朝之后，苏州便是中华手工业的聚集地，到了近现代，以苏州为中心的长三角一带是中华民族工业发起的地方，具有深厚的工业化历史沉淀和意识。这其中的沉淀，是基于当地人民丰富的生产经验。因此，从这个角度看，东莞作为一个年轻、毫无基础的城市与这样一个历史古城在工业化上竞争，是天生不足的。

提到苏州近二十年的发展，就不得不提昆山和苏州工业园。

昆山是苏州发展的缩影。这个位于上海与苏州之间的县城，东距上海

金鸡湖畔的苏州工业园。

50公里，西邻苏州城区37公里。独特的地理位置为昆山经济发展提供了有利的条件。至2012年年底，这个县级市拥有三个国家级技术开放区、两个省级技术开放区，2011年财政总收入达600多亿元，地方财政收入200多亿元，进出口总额855亿美元。

被称为昆山发展历程中最重要人物之一的台湾友达电器（明基）董事长李焜耀是1993年来到昆山的。此后，他在两岸大力宣传昆山乃至苏州的营商环境及发展前景。这位笔记本电脑大鳄帮助昆山引入了大批台资，特别是戴尔、华硕等一批著名笔记本电脑生产商及包括LED面板在内的上下游企业。2009年，昆山笔记本电脑产量占到全世界70%。

短短二十多年间，东莞从白手起家，到完成原始资本和原始技术的积累，这些无疑为其今后的发展和转型奠定良好的基础和较高的平台。

昆山的区位优势固然重要，但吸引李焜耀的在很大程度上还有当地的软实力。这种软实力包括政府的优质服务、人民的生产经验、城市的建设基础，其中最为迫切的是人。而昆山最能为李焜耀们提供的，正是优质劳动力。

与东莞本地人往往只需出租房子就能获得收益不同，苏州属强势政府，工业园土地由政府控制，当地群众要从中分红，需走进工厂。多年来，昆山实施人人有技能、个个有工作、家家有物业的“三有工程”，加上原本就有经验的群众，为企业提供了大量优质劳动力。

快速的经济发展使昆山闻名于全国，其GDP从1978年的2.4亿元增加到2007年的1150亿元，人均GDP从466

元增加到171640元。

但如果说1985年诞生的“昆山县经济技术开发区”是苏州近二十年工业化起步之源，那么诞生于1994年的苏州工业园则是苏州城市经济发展的关键转折。

苏州工业园全称为“中新苏州工业园”。新加坡内阁资政李光耀的回忆录里记载，20世纪90年代初，受邓小平邀请，新加坡拟与中国合作共建一个工业园。此后，李光耀在我国东部沿海走了一遍，最后选择了位于长江中下游平原，具有工业化经验和意识、有深厚历史文化沉淀的苏州。

到2012年年底，苏州工业园在新兴产业、高端产业、高端商务方面都有突出成就。其形成生物医药、纳米技术应用、“云计算”等3个500亿元级新兴产业集群，拥有全国唯一“国家纳米高新技术产业化基地”等。

但撇开这些数据，更重要的是，这个复制新加坡经验的工业园的诞生，为苏州创建了一系列模式和理念并沿用至今。这其中包括，吸引外资的模式、国际化的商业理念、服务的理念、金融的配备等。

区域经济评论家金心异分析，苏州吸引外资就是从苏州工业园开始的，尤其是对欧美招商引资，用的就是新加坡的商业网络。此后，苏州沿用的打造国家级工业园区的做法也明显借鉴了苏州工业园的经验。

最为重要的是，根据新加坡与苏州签订的共建协议，新加坡承诺为苏州培养干部，因此，大批苏州干部得到赴新加坡深造的机会，其视野与理念得到跨越式的提高。

软环境的引力，苏州11个国家级特殊关区将东莞抛离

提起苏州近二十年的城市经济发展路径，却常被外界认为是对东莞模式的复制。但在苏州人眼里，苏州发展模式更多的是对东莞模式的完善，及在此基础上的创新。

谢建是苏州土生土长的官员，如今是苏州下属某县的主政官。对于苏州的发展经验，他总结为如下五条：一是领导干部率先垂范，二是重视人才，三是优良细致的服务，四是良好的人居环境，五才是紧邻上海的区域优势。

谢建十分强调，政府对企业细致的"一条龙"服务对促进企业发展的作用是极大的，而这也是促进企业增资，甚至"呼朋唤友"来苏州投资的重要原因。

事实也正是如此。

同在东莞和苏州设有厂的台商赖国恩决定将新的生产线放在苏州。这个电路板生产商说，除了考虑产品市场和生产成本外，很重要的方面是地方税费和企业便利化。而在这两方面，他认为，苏州的优势比东莞明显。

赖国恩说，东莞（广东）有多项特殊的收费，如堤围费、稻谷补偿费等。堤围费是按营业收入的1‰进行收取，尽管2012年12月开始下调为0.7‰，但依然是一笔不小的数目；而稻谷补偿费则是按每亩2500元收取，每三年递增5%。

苏州吸引外资是从苏州工业园开始的。这个复制新加坡经验的工业园，为苏州创建了一系列模式和理念并沿用至今。此后，苏州沿用的打造国家级工业园区的做法也明显借鉴了苏州工业园的经验。

但这些仍不是赖国恩将新的生产线放到苏州的决定性因素。他抱怨说，在东莞，虽然外经贸部门对企业的服务甚至比苏州还好，但有些部门一些不甚合理的政策如绳索绑住企业的手脚。他举例说，在东莞，企业更新任何生产设备都需报环保局，经过审批才能购置，但这种申报往往需要数个月甚至更长时间才能批下。“但在这样的竞争时代，有新设备而不能买，企业竞争力就下降了。企业要花费大块时间与政府打交道，这些时间如果可以拿来拓展业务，那是不是更有成效？”

相比之下，“政府的事由我们出面协调处理，企业管好自己的技术、资金、管理、订单即可，各司其职”是苏州为赖国恩提供“一条龙”服务的标准。

事实上，东莞未能很好地协调赖国恩们的烦恼还有一些客观原因。

2012年12月，国务院正式批复同意苏州吴中经济开发区升格为国家级经济技术开发区，这是苏州的第11个国家级开发区诞生。国家级开发区为苏州带来的，是优质环境叠加高效服务。更重要是的，这些高度掌握在政府手中、拥有多重优惠政策的国家级开发区具有特殊的“吸金”力量。

目前，吴中经济开发区集聚了60家国家级高新技术企业、73个研发中心，形成了精密机械、生物医药、高端装备等高新技术产业，2011年高新产值占规模以上工业产值比重高达55%。如果这些不能让你直观感受到特殊关区的好处，那么陈平的例子或许更为直接。

陈平的企业从事加工贸易，从2008年开始实现“零库存”。他介绍说，由于苏州工业园综合保税区具有海关实现联网监管功能，货可以从码头直接上生产线，生产后直接进入出口程序，这种“货到即用”、“零库存”的贸易便利十分受用，如今他的工厂实现三班倒，24小时生产运作。

“尽管苏州既无机场也无港口，但通过这样的特殊关区功能，将上海机场和连云港延伸到了苏州。”陈平说。

相比之下，尽管随着粤海高端装备产业园、松山湖大学创新城、水乡特色发展经济区等逐渐成形，东莞建设新产业园区的步伐逐渐加快，但在这点上，东莞明显落后于苏州。

国家级开发区为苏州带来的，是优质环境叠加高效服务。更重要是的，这些高度掌握在政府手中、拥有多重优惠政策的国家级开发区具有特殊的“吸金”力量。

新一轮转型升级中，东莞和苏州在又处在同一起跑线上

值得玩味的是，在东莞模式频遭质疑、苏州发展后劲频受赞赏时，2012年，东莞进出口增长6.8%，而苏州仅增长了1.6%。苏州的日子也并不好过。

对此，李近维这样评价：“如果说东莞模式令东莞坐上了三十年的发展快车，21世纪之后，特别是2005年以后，这种模式已经走到了尽头。东莞应该有新的东西将旧模式置换出去。”

无独有偶。2009年，李光耀在接受采访时也表达了类似的观点。李指出，苏州工业园的旧模式已走到产业升级及转型的十字路口，无论在管理或工人技术水平方面，都应寻求改善。

2010年年底，苏州与东莞同时被国家认定为“全国加工贸易转型升级首批试点城市”。两个城市同样面临紧迫的转型升级压力。

金心异认为，若只论产业水平，东莞和苏州都在同一水平线上，即都不是由创新带动的经济增长，而是由投资拉动。这意味着，土地越多，增长就有越大的空间。而东莞的土地面积约只有苏州的三分之一，因此，两城之争，应不争一时争长远，即谁最先完成经济增长方式的转变谁就能笑到最后。

目前，在苏州、昆山等地，基础地价达到10万元每亩的土地往往以低于基础地价甚多的2万—3万元每亩出让。一份关于苏州引资情况的调研通报指出，苏州市GDP每增长一个百分点，就要消耗4000亩土地。

2011年，时任商务部部长陈德铭率队到苏州调研时，就曾对当地官员表示，苏州的加工贸易转型升级要学习东莞。这一步，东莞抢了先机。

2008年金融危机后，广东率先提出要推动产业转型升级，特别在东莞实施加工贸易转型升级试点。由此，东莞在推动企业向“微笑曲线”两端延伸上做了大量工作。据东莞市统计，至2012年，东莞加工贸易在产品结构、贸易结构、创新能力、劳动者素质、企业综合效益等方面取得了显著的提升。

据统计，到2012年年底，东莞加工贸易企业自主品牌拥有数量从2008年的2068个增加到4325个，增长109%。加工贸易企业当年缴纳税收从88亿元提高到224亿元，增长155%。更令人欣喜的是，加工贸易企业大专以上学历的从业人员占比增长了37%。

特别是东莞积极为企业搭建了生产力提升辅导平台、电子商务平台及公共创新平台。其中，投入了大量资金建设以北京大学东莞光电研究院、华中科技大学制造公研院、华南协同创新研究院等为代表的21个公共创新平台，为企业提供专业服务。

这些平台正在发挥作用。记者了解到，近两年平板电脑的兴起，一批早年完成了产业转型升级的东莞企业订单出现爆发式增长，一些企业2012年同比大幅增长超过3倍，成为东莞新增长点。

曾分别在富士康（苏州）、东莞某电子公司担任高管的台湾商人陈雄说，东莞与苏州在经济上的较量，实际上是其产业结构有没有紧跟世界潮流，如果东莞策略性地发展某些能成为其未来五年甚至十年发展支柱的产业，再赶上对方是完全有可能的。但如果不是这样，东莞和苏州在本质上并没有谁超越谁。

（应受访者要求，谢建、陈平为化名。）

2008年金融危机后，广东率先提出要推动产业转型升级，特别在东莞实施加工贸易转型升级试点。由此，东莞在推动企业向“微笑曲线”两端延伸上做了大量工作。

记者观察

此刻的东莞渴望一些“新”东西

2013年农历新年期间，一组展现东莞新风貌的形象宣传片正式在各大网络平台及各大公共场合进行播放。在这些一分钟的城市形象短片中，新莞人、可园、CBA篮球赛事、动漫、知名上市公司等诸多新东莞元素显示了这座城市新时期在工业发展上的创新、打造软环境的实力、对外来人的包容以及人文的底蕴，更显示了这座城市的管理者塑造崭新城市形象的努力与决心。

此刻的东莞渴望一些“新”的东西。

这些“新”的东西不仅包括城市形象，而且还有将为这个年轻城市的新核心价值打下基础的新产业结构。绝大部分东莞人清楚地意识到，尽管东莞模式曾为东莞创造了璀璨的辉煌，但当能源、用工、土地都无以为继的时候，只有改变才能使雄鹰重生。

东莞市委书记徐建华在一次会议上这样阐述了东莞转型升级的决心。他说，产业结构调整和转型升级是一个长期的过程，作为试点城市，东莞将继续坚定不移地推进转型升级，牢固树立打主动战、攻坚战、持久战的意识，坚决克服片面追求经济总量和增长速度的理念，更加注重质量、效益和优化结构，宁愿牺牲战术排名，也要确保战略转型成功。

现在，东莞在所有政府机关的工作人员名片上统一印有彩色的“每天绽放新精彩”城市标志。一位政府工作人员告诉记者，此刻的东莞像一个追求理想的雄鹰，渴望新的自己能在这片二千多平方公里的土地上再创辉煌。

数据对比

东莞近11年（2002—2012年）GDP：

2002年　全市国内生产总值672.3亿元，比2001年增长18.4%

2003年　全市生产总值达到948亿元，年均增长18.4%

2004年　全市生产总值1155.3亿元，比2003年增长19.6%

2005年　全市生产总值2182亿元，比2004年增长19.3%

2006年　全市生产总值达到2624亿元，比2003年增长72.1%，年均增长19.8%

2007年　全市生产总值3151亿元，比2006年增长18.1%

2008年　全市生产总值3710亿元，比2007年增长14%

2009年　预计全市生产总值3760亿元，按可比价计算比2008年增长5.3%

2010年　预计全市生产总值3760亿元，按可比价计算比2009年增长5.3%

2011年　全市生产总值增加到4735亿元，年均增长11.1%

2012年　全市实现生产总值5010亿元，同比增长6.1%

（注：以上数据来源于东莞政府门户网—政务公开—政府工作报告）

苏州近11年（2002—2012年）GDP：

2002年　全市实现生产总值2080亿元，比2001年增长13.8

2003年　全年实现生产总值2801.56亿元，按可比价计算比2002年增长18%

2004年　全市实现生产总值3450亿元，按可比价格计算，比2003年增长17.6%

2005年　全市地区生产总值突破4000亿元，达4026.52亿元，按可比价格计算比2004年增长15.3%。

2006年　全市地区生产总值达4820.26亿元，按可比

价格计算比2005年增长15.5%

2007年　全市实现地区生产总值达5700亿元，按可比价格计算比2006年增长16%

2008年　全市实现地区生产总值6701.3亿元，按可比价计算比2007年增长12.5%

2009年　全市实现地区生产总值7740亿元，按可比价计算比2008年增长11.5%

2010年　全市实现地区生产总值9168.9亿元，按可比价计算比2009年增长13.2%

2011年　全市实现地区生产总值突破1万亿元，达到10500亿元，按可比价计算比2010年增长12%

2012年　全市实现地区生产总值12011.65亿元，比2011年增长10.1%

（注：以上数据来源于苏州市统计局年度国民经济和社会发展统计数据发布）

（南方日报记者　黄颖川　实习生　周鹏程）

汕头VS厦门
厦门蝶变海西“明珠”
汕头开始“二次创业”

在广东新一轮区域协调发展、新型城镇化的大潮中，特区人在思考，如何在“建设汕潮揭城市群，打造粤东经济增长极”的新机遇中加速崛起。

在汕头市龙湖区政府前的广场上，矗立着汕头的标志性雕塑——“升腾”，这里是汕头经济特区梦开始的地方。

从成立之初的22.6平方公里，到历经三次扩容后的2064.4平方公里。30多年间，汕头GDP增长47倍，城市建成区面积扩大20多倍。纵向对比，汕头的进步不可谓不大。但同省内其他城市横向比较时，汕头交出的成绩单却略显单薄：多项指标增速低于全国、全省平均水平。

作为中国首批四个经济特区，汕头、厦门相距仅200多公里，即将开通的厦深高铁更把两个城市紧密串联。资源秉赋、文化基本相同、一度处于同一起跑线的汕头、厦门两市，在特区成立30多年中各自经历兴衰沉浮，如今发展水平已不是“同一个重量级”。

沿着特区成立以来的时间长轴，南方日报记者分赴汕头、厦门两地，试图通过探寻两地在发展过程中走过的关键节点，在汕头发展曾错失的机会中，探寻两座城市不同的发展轨迹，反思未来突破前行的方向，并希冀寻找汕头加快发展之“良方”。

在广东新一轮区域协调发展、新型城镇化的大潮中，特区人在思考，如何在“建设汕潮揭城市群，打造粤东经济增长极”的新机遇中加速崛起。面对新一轮的发展机遇，汕头不可再失良机。

两城走上“同一起跑线”

作为“百载商埠”，在20世纪30年代，汕头的商业居全国第七，港口吞吐量居全国第三，可谓盛极一时。

熟悉汕头的专家说，在汕头城市发展中，曾出现过两个关键节点。其一是1860年开埠，汕头曾被恩格斯称为中国“唯一有一点商业意义的口岸”；其二则是在1981年，汕头成为新中国第一批经济特区之一。

特区创立之初，与广东省内的深圳、珠海两个特区相比，汕头的家底并不薄。广东省委原书记吴南生曾说，当时“在全省来说，除广州之外，汕头是对外贸易最多的地方，每年有1亿美元的外汇收入，搞对外经济活动比较有经验”。

挟中国首批经济特区之势，1981年，汕头开始担负起改革探路的重任。“刚开始搞特区，我们遇到很多困难，不过还是干得风风火火。”时任汕头经济特区管理委员会主任的刘峰谈起创业艰辛，甚是感慨。

在刘峰看来，在汕头设立经济特区有诸多优势。首先，汕头濒临南海，与台湾一水之隔，其中的南澳跟台湾高雄相距只有160海里，比厦门去高雄还近16海里。其次，汕头自然条件优越，为工商业发展奠定了较好的基础。更重要的，是汕头首屈一指的侨胞资源。刘峰用“海内一个潮汕，海外一个潮汕”来形容汕头侨胞资源之巨。华侨资源成为日后汕头特区发展的重要推动力。

其实在发展之路上，厦门与汕头一度处于“同一起跑线”。厦门日报一位何姓编辑是位老厦门人，以一句“哇嗄里杠”（闽南语：我和你说）起始的对白，这座城市的发展变迁在他嘴里开始娓娓道来。

1980年10月，国务院决定在厦门岛内划出2.5平方公里兴办经济特区。与汕头一样，同样在1981年，湖里出口加工区2.5平方公里的土地成为特区的“发祥地”。何编辑告诉记者，在当时，这片土地荒凉到路人行走需要手持木棍，以备有蛇出没。

“其实，在刚建特区的前10年，汕头的发展比厦门要好。”刘峰当时提出要善待外资企业，并创办了台湾工业区。而在刚建特区的10年，厦门受制于“海防前线”的特殊地理位置，当时发展显得有些“悄无声息”。

厦门日报何编辑仍然记得，如今成为著名旅游景点之一的环岛路，在20世纪七八十年代遍地是大块的三角石、成片的铁丝网。谁也不曾料到，位于“同一起跑线”的两座明星城市，会各自走上不同的发展路径。

在汕头城市发展中，曾出现过两个关键节点。其一是1860年开埠，汕头曾被恩格斯称为中国“唯一有一点商业意义的口岸”；其二则是在1981年，汕头成为新中国第一批经济特区之一。

风暴过后：汕厦一城停滞一城崛起

“1995年大学毕业的时候，我毫不犹豫地选择留在汕头发展。”金先生来自江西，在他眼中，走入特区第二个10年的汕头富甲一方，是年轻人施展才能的“机遇之城”。

金先生告诉记者，当时的汕头可谓“十米之内，必有奔驰宝马”。1993年到1998年，被认为是汕头发展势头最好的“黄金五年”，“你在当年的峡山，能看到现在义乌的景象”。

5年间，汕头城乡居民储蓄存款均出现大幅上涨，而且其增幅远超GDP、投资、出口等指标增速。此种被认为来自于统计数字无法体现的“地下经济”，为日后汕头经济的发展埋下了“祸根”。

2000年、2001年相继爆发的“807”骗税案、“815”特大走私案，使处于“风暴眼”的潮汕地区一举受到重创。

之后的几年，成为汕头特区发展史上的“黑夜”。2001年，汕头GDP出现1.5%负增长，“当时这在全国都是绝无仅有的”。另外，汕头实际利用外资投资额在2003年更是跌入谷底，只有5198万美元。

1999年，汕头经济总量仅次于广州、深圳、佛山和江门，排在全省第五位。10年后，汕头经济总量只翻了一倍，刚刚突破1000亿元，全省排名跌出10名以外；而同期的东莞，却增长了9倍多。

无独有偶，厦门也于1999年发生涉案价值高达800多亿元的远华特大走私案，城市发展陷入“旋涡”之中。

业内人士认为，汕头经济逐步进入慢车道，要综合分析，主要是在发展中：贸易优势未能奠定坚实的产业基础，华侨资源没有成为发展的动力，丰富的港口资源未能转化为航运物流优势，自然资源劣势没有成为经济增长方式转变的动力，特区的品牌资源和政治影响不断流失等。

厦门却在爆发特大走私案后进入发展“快车道”，这在于厦门抓住对台这一新机遇。随着两岸关系不断有“破冰”的利好消息出现，厦门第三产业特别是旅游业开始发力，从而使厦门与汕头的发展开始“拉开距离”。

厦门在爆发特大走私案后进入发展“快车道”，这在于厦门抓住对台这一新机遇。随着两岸关系不断有“破冰”的利好消息出现，厦门第三产业特别是旅游业开始发力，从而使厦门与汕头的发展开始“拉开距离”。

抢抓海西机遇：厦门从海防前线变身海西“明珠”

彼时，与汕头同时起步，也曾走过弯路的厦门，抓住了海峡西岸经济区发展机遇，大打“台湾”牌。两岸地缘相近、血缘相亲、文缘相承、商缘相连、法缘相循——这“五缘”优势也顺理成章地成为厦门在海西发展中大放光彩的关键所在。

多威电子有限公司董事长曾钦照即是最早到厦门投资的台商。20世纪80年代末，随着公司发展的需要，曾钦照将目光投向海峡东岸。在厦门，他有种类似“回到另一个家乡”的感觉，语言相通、对台商提供的种种便利服务等因素让他决定将企业的落脚点定在厦门。

2010年6月，国务院同意厦门建设两岸区域性金融服务中心，目前已在厦门岛内规划了22平方公里的金融中心建设用地，同时启动3.5平方公里的核心区建设。截至目前，已有112个企业入驻金融中心。

据不完全统计，目前在厦门工作生活的台胞达10多万人，台资企业近4000家，台资企业工业产值占全市工业总产值的40%左右。以经济特区为“招牌”，以海峡地理优势为“杠杆”，厦门在成为两岸经贸文化交流最活跃的地区之一的同时，也让自己实现了“破茧成蝶”的变身。

同时，厦门抓住特区扩容的机遇，大打旅游牌，发展第三产业。厦门市旅游局旅游促进处处长吴东凯告诉记者，成立经济特区30多年来，厦门市旅游经济总量大幅增长，旅游业创造的增加值占该市GDP已超过9%，成为重要支柱产业。

吴东凯表示，如果说鼓浪屿、南普陀等旅游项目为“普通休闲产品”，那么未来厦门将提升旅游结构，推出以邮轮、游艇、帆船、高尔夫为特色的“高端休闲产品”，从而促进厦门旅游业良性发展。

2010年，厦门经济特区再度“扩容”，扩到全市6个行政区面积达1600多平方公里。厦门市政府相关人士告诉记者，过去，厦门城市建设的“拳头”一直囿于岛内，如今，厦门以“跳出厦门岛，建设大厦门”这一理念引导城市发展，随着经济发展与城市扩容，这一“拳头”开始伸展开来，并成为海峡西岸的一颗璀璨明珠。

“厦门有抢抓机遇的意识和干劲值得汕头借鉴。”何编辑表示，对于同时成立经济特区的两市而言，如何在跌倒之后爬起来快速发展成为关键，厦门把机遇抓住了，而汕头却陷入了发展停滞时期。

二次创业：汕头从“赚快钱”到兴实业

对此，有专家指出，一个地区的发展，总有那么关键的几个“坎”，一旦错失，追赶难度就大很多。汕头曾错失一些良机，导致处处“慢人一拍”，在全省各地努力突破基础设施瓶颈时缩手缩脚；在珠三角将外贸集聚资金转移至工业时，依然兼顾“商贸立市”；在苏南地区强力招商引资时依然无动于衷；在重化工业趋势明显的背景下，对重大项目引进不力，依然注重发挥“轻工优势”……

对汕头这些年的沉浮兴衰，金先生甚是感慨：“当时选择留在这，也没想到后来汕头会搞成这样。”

正如金先生所说，与同时期建成特区的深圳、珠海、厦门相比，如今的汕头已然稍显逊色。但数据显示，从2008年开始，汕头经济开始走出长时间的低迷：当年经济增速达10.5%，比全省平均水平高出0.4%，这也是1999年以来汕头经济增速首次超过全省平均水平。

如今，汕头经济已经逐渐摆脱21世纪初的消极影响，“疗伤”完毕，开始了“二次创业”。走过了赚快钱的弯路，汕头人领悟到，一个地方经济实力的壮大关键还是在实业。

“汕头传统制造的家底还是不错的，玩具产业占全国的70%到80%，这里也是主要的内衣、家具制造基

一个地区的发展，总有那么关键的几个“坎”，一旦错失，追赶难度就大很多。汕头曾错失一些良机，导致处处“慢人一拍”，如今，汕头经济已经逐渐摆脱21世纪初的消极影响，“疗伤”完毕，开始了“二次创业”。走过了赚快钱的弯路，汕头人领悟到，一个地方经济实力的壮大关键还是在实业。

地，搞电子商务有很好的产业基础。”汕头市经信局局长陈胜全告诉记者，这些特色产业已经成为支撑汕头电子商务发展的强大推动力。

如今，搭上电子商务的快车，汕头工业化、信息化交融的势头正在形成。早在2009年，汕头市海纳电子商务有限公司总经理郑会涌已经开始经营吸奶器线上业务；如今，他的公司已实现线上线下销售量双增长。

不过，郑会涌坦言，“小打小闹成不了气候”，希望汕头电商能“抱团”发展，汕头的电子商务产业园就提供了一个很好的平台。

吴锡雄是高新区电子商务产业园负责人，他告诉记者：“园区最大的作用，就是让电商能‘抱团取暖’。”在这个初生的产业园里，积聚了20多家淘宝网店、应用软件开发商、物流公司、提供牌照、美工服务的企业，“这里有一整条产业链”。吴锡雄说，汕头的电商行业方兴未艾，一些来自汕头的电商企业，也陆续从广州、深圳、杭州等地回到汕头。

2011年，汕头被授予“国家电子商务示范城市”，这也使其与广州、深圳一道，跻身省内电子商务重点发展城市。陈胜全说：“2012年，汕头全市年电子商务交易规模超过200亿元。汕头的经济总量在省里的排名并不靠前，但是我们信息化排到了第五位。”

窥一斑而见全豹。抢抓工业化、信息化的浪潮，汕头正在用行动践行“擦亮特区牌子”的承诺。对于“二次创业”的汕头来说，正在路上奋力追赶。

数据对比

两城GDP对比（单位：亿元）

年份	汕头	厦门
2012	1415	2817.07

两城人均GDP对比（单位：亿元）

年份	汕头	厦门
2012	2.62万元	7.74万元

记者观察

“汕潮揭城市群”破题：全力培育粤东增长极

虽然姓“特”，汕头却有自己的苦衷：海南是省，还新获国家旅游岛的建设许可；深圳、厦门是副省级城市，级别和权限高过自己；珠海位于珠三角地区，近水楼台先得月，更有了横琴新区、珠港澳大桥等这些引人关注的项目。

要想“突出重围”，打造“汕潮揭城市群”已经成为汕头重展特区雄风的题中应有之义。

“汕头市中心医院的病人中，有将近六成的病人来自潮州、揭阳。”一位汕头官员曾表示，现在的发展，已经远远跟不上老百姓的需求。其实，不仅医疗，在交通、金融、通信等各领域，汕潮揭同城化已经成为3市十

回响：

广东省政府参事、省委党校教授陈鸿宇认为，南方日报的报道较为准确地指出了汕头经济特区在30多年发展历程中存在的不足。他认为，汕头和厦门发展路径不尽相同，其中存在主客观等多方面原因。接下来，汕头应着力解决粤东区域经济网络碎片化、主城区弱化、发展动力不足等三大问题。此外，汕头要通过“汕潮揭”同城化来解决汕头的腹地问题；他称，汕头既要敢于、更要善于当好粤东的区域中心城市。

分迫切的需求。

中共中央政治局委员、国务院副总理、广东省委原书记汪洋曾说过："潮汕文化最有竞争力的部分现在还没有被激活。"汕潮揭共同的文化底蕴为3市"同城化"提供了无可比拟的先天条件。当下，汕头要做的是以开放为平台，融入珠三角改革发展、粤港澳紧密合作、海峡西岸经济区建设中，并以潮汕文化为凝聚，激活"人"的因素，激活汕头发展的新活力。

在汕潮揭高举"同城化"旗帜的同时，福建的厦漳泉也提出同城化的发展理念。根据规划，到2015年，厦漳泉大都市区将初步实现同城化，2020年基本实现同城化。

一位不愿透露姓名的学者将汕潮揭与厦漳泉进行了一番对比："汕潮揭产业同质性很高，但是'分家'之后，各搞各的，没办法形成合力。"但厦漳泉同城化不一样，"厦门有辐射能力，漳州有发展腹地和空间，泉州有大量民营企业，三地优势互补非常明显，希望汕潮揭也能往这个方向走"。

事实上，汕潮揭同城化的步伐已经迈开，《汕潮揭同城化发展规划》也正酝酿出台。2011年12月，位于3市地理中心的揭阳潮汕机场正式投入使用。2013年1月1日起，汕潮揭3市开始实施车辆年票互认，通信联网同费、电子小额支付卡互联互通、医保联网结算收费等同城化工作也正有序推进。

"作为区域中心城市，汕头周边的城市需要什么，汕头主城区的服务业就发展什么。人家做得好的，我们不跟他一样；人家缺的，我们来服务，还要服务得比别人好、比别人早。"作为土生土长的汕头人，省政府参事、省委党校教授陈鸿宇如是建议道。

（南方日报记者　唐柳雯　彭国华　黄学佳）

大事记

汕头

1981年10月16日 国务院批准在汕头市郊龙湖划出22.6平方公里土地，建立汕头经济特区。

1984年11月 经国务院批准，汕头经济特区的区域面积扩大为52.6平方公里，分龙湖和广澳两片区。

1991年4月6日 国务院批准汕头经济特区范围扩大到整个中心城区，从52.6平方公里扩大到234平方公里。

1991年12月7日 国务院决定调整潮汕地区行政区划，设置汕头、潮州、揭阳3个地级市。

2011年5月1日 国务院正式批准汕头经济特区范围扩大到全市，面积达到2064.4平方公里。

厦门

1981年10月15日 厦门经济特区在湖里一片2.5平方公里的土地上开始动工建设。

1984年2月 邓小平同志视察厦门后，厦门经济特区范围扩大到全岛，面积131平方公里。

2010年 经国务院批准厦门经济特区扩到全市6个行政区，面积达1600多平方公里。

韶关VS徐州
徐州改革创新迎涅槃　韶关绿色转型谋新生

作为广东的老工业城市，韶关一度曾是辐射粤湘赣的区域中心城市，更是毫无争议的粤北山区五市老大哥。特定历史时期国家和省的集中建设投资，让韶关拥有了雄厚的重工业基础，以及随之而来的光辉岁月。

然而，随着改革开放打破了传统计划经济体制，珠三角城市群迅速发展与崛起，韶关却悄然落后了。潮起潮落，曾经令人骄傲自豪的大量国有厂矿企业，在激烈的市场竞争中败下阵来，反而成为韶关发展的包袱。

就在韶关的经济总量和发展速度逐渐被各路追兵超越之时，另一个老工业城市徐州也同样遭遇了重工业地位下降、国企改革冲击等困境。但在抓住技术改造、开拓新路之后，徐工、徐矿等龙头企业近年来却成功转型，进而带动着徐州重新焕发活力，实现了涅槃。

眼下，韶关正加快追赶脚步。同是重要的老工业基地、交通枢纽，也同样曾经历国企改革的阵痛，徐州如何走出蝶变之路？韶关如何重振雄风打造粤北区域中心城市？带着这些问题，南方日报记者兵分两路赶赴粤北和苏北，探寻徐州老工业城市华丽变身的秘密，为韶关成为粤北区域发展增长极的复兴探路。

潮起潮落：老工业城市沦为新时代配角

作为粤北门户，韶关一直是广东北上通往省外重要通道。独有的区位优势，在过去为韶关吸引来国家和省的集中投资，成就了计划经济时代华南重工业基地的辉煌。

"那时我们韶关可牛了。"坐在颇有些年月的办公室里，韶关市统计局局长杨水养回忆道。透过铝合金拉窗的茶色玻璃望出去，天色晦暗，春雨绵绵。

韶关曾经辉煌。20世纪60年代初"小三线"建设时期，国家在华南的工业布局都放在韶关，随着韶钢、韶冶、大岭冶炼等一批中央、省属企业相继建成投产，韶关一棉纺厂、工具厂、铸锻总厂、轴承厂等一批地方工业相继上马，韶关成为华南重工业基地。

"说起过去的重工业基础，韶关一点都不比徐州差。"韶关市教育基金会理事长、原韶关市分管工业的副市长杨春芳说。在1978年，韶关地区工业企业达到1781家，其中中央、省属企业73个，职工人数达到27.5万人，工业产值30.6亿元。

而此时的徐州，虽然也和韶关经历了类似的建设阶段，成长为江苏省较早的老工业基地之一，但直到1978年，徐州的工业总产值仅为15.68亿元，只有同年韶关的一半左右。

"直至1983年地市合并前，韶关市的人均GDP都是

作为广东的老工业城市，韶关一度曾是辐射粤湘赣的区域中心城市，更是毫无争议的粤北山区五市老大哥。特定历史时期国家和省的集中建设投资，让韶关拥有了雄厚的重工业基础，以及随之而来的光辉岁月。

全省平均水平的1倍以上。”杨水养回忆说，其时韶关市是除广州市外唯一的省直属地级市，而直到20世纪90年代，临近的粤北城市甚至湖南、江西都有许多年轻人千方百计来韶关上学、工作。

“对于韶关的发展而言，有两个重要时间节点。”韶关市统计局综合核算科科长赵泉说。他在对多组历年数据进行分析后发现，20世纪80年代中期和90年代中期，可以说是韶关经济地位下降的两个标志性时间节点。

在从计划经济向市场经济的转变中，1984年至1992年期间，韶关作为华南重工业基地的地位逐渐丧失，被异军突起的珠三角及沿海城市超越；1993年至2012年期间，韶关市属企业整体效益下滑，在国有企业改革中“关停并转迁”，导致工业实力被削弱，被粤东西北一些城市超越。

更能体现实际经济发展水平的人均GDP指标，韶关自1984年起，开始低于广东平均水平，1995年又跌至全国平均水平以下。

和韶关“慢跑”的尴尬局面类似，徐州同样经历了“总量加速增长，地位相对下降”的过程。20多年，尽管徐州工业总产值先后突破百亿元和千亿元大关，总量反超韶关，但占江苏全省比重却从20世纪60年代中期的超8%降至2004年的3.75%，人均GDP更是长期低于全国平均水平。

在改革开放之后的经济“赛跑”中，广东和江苏崛起为全国第一和第二经济大省。但两省的北大门、计划经济时代的工业明珠韶关和徐州，却逐渐被珠三角和苏南甚至一些内地城市甩在了后面，沦为“配角”。

嬗变之路：徐州从“老灰穷”变“新绿富”

其实，徐州的情况也曾与韶关大同小异。徐州工程机械集团有限公司党委副书记李格在接受南方日报记者采访时说，在20世纪90年代的徐州工业经历低潮时，徐工集团同样背负沉重历史包袱。“1999年时集团下属的核心企业也曾濒临破产。”

李格介绍，抓住国企改革良机，徐工集团大刀阔斧展开“人事、劳动、分配”三项制度改革，实现了老国企的振兴。而体制改革之外，“持续不断的技术创新，始终坚定战略方向，是徐工不断突破不断发展的重要原因”。

坚持技术革新，让徐工从规模只有3.86亿元的地方企业，成长为年营业收入超过1000亿元，国内第一、世界知名的民族装备制造业巨头，并带动了整个工程机械上下游产业的发展。2010年，徐州获评国内唯一的“工程机械之都”。

在改革开放之后的经济“赛跑”中，广东和江苏崛起为全国第一和第二经济大省。但两省的北大门、计划经济时代的工业明珠韶关和徐州，却逐渐被珠三角和苏南甚至一些内地城市甩在了后面，沦为“配角”。

2012年，徐州GDP总量实现4016亿元，增长13.2%，增幅连续三年居江苏省第一。《2012中国城市竞争力排行榜》上，曾被网友评为“中国十大失落的城市”之一的徐州，城市竞争力排名全国第1位，被认为是中国未来发展前景最好的城市。（韩瑜庆　摄）

和徐工相似，资源型企业徐矿集团也不再墨守成规，而是主动开拓新路。在徐州本部煤炭资源逐步枯竭的“断炊”危机下，徐矿用十多年时间建立了新疆、陕甘、贵州三个异地能源基地，使一个徐矿变成了“三个徐矿”，并抓紧时机发展关联产业，形成了煤炭、电力、煤化工三大主体产业，转型成新型能源基地。

国企改革焕发出新活力，徐州也进入发展最快最好的黄金时期，工业呈现倍增式发展。2004年，徐州工业占全省的比重达到最低点3.75%，此后开始迅速回升。2006年，徐州人均GDP重回全国平均水平以上。

“过去的十年，是徐州老工业基地实现蝶变的十年，一是抓优势主导产业，一是抓城市环境。”徐州市委书记曹新平说，推动产业层次提升，全力做大经济总量，营造城市宜居环境，加速其崛起成为淮海经济区区域性中心城市。

“老灰穷”曾经是徐州的代名词。以前的徐州，受煤炭等重工业影响，天空总是灰蒙蒙的。而近年来在城市环境改造中，徐州的城市功能实现了由弱到强的转变，生态环境更是“由灰到绿”，一座老工业城市的森林覆盖率居然位列江苏全省第一。

韶关：整合失败　错失良机

“经济总量要有大增长，还是得靠工业，尤其是辐射能力强的产业。”徐州的崛起，让杨春芳颇为“羡慕嫉妒恨”，“最开始徐州也不就是有一座矿山嘛”。

杨春芳透露，其实韶关也曾设想整合多家老国企成立韶关机械总厂，重点发展装备制造业与徐工竞争。然而，就在徐工迅速壮大的时候，计划重组的韶关机械总厂却由于三个国有工厂的厂长谁也不服谁，最终导致计划胎死腹中。

曾造出过广东第一辆汽车的韶关，甚至还曾做过“汽车梦”。当时韶关计划将铸锻厂等多个国有企业合并成立汽车工业总公司，为此还花750万元拿到了15个汽车目录。“铸锻厂甚至都已经引进了一套专门铸锻小汽车外壳的设备，并开始试制整车制造的数控平台。”

然而，如今看来充满了市场前景的汽车制造业，在当时的韶关却意见不一。杨春芳说，在支持汽车项目的领导调走后，汽车办被撤销，韶关也与此后国内蓬勃发展的汽车产业失之交臂。

2012年，徐州GDP总量实现4016亿元，增长13.2%，增幅连续三年居江苏全省第一。《2012中国城市竞争力排行榜》上，曾被网友评为“中国十大失落的城市”之一的徐州，成长竞争力排名全国第1位，被认为是中国未来发展前景最好的城市。而在徐州涅槃的这些年，韶关原有的支柱企业中，韶钢遭遇了全行业产能过剩、韶冶出现污染事件停产整顿等问题，工程机械、汽车制造等新兴产业则未能整合成功，错失了发展良机。

此外，老工业基地的辉煌，也让韶关这样的城市不把消费类的轻工业太当回事，错过了培养新兴支柱产业的机遇。在当地，TCL、格力与韶关擦肩而过的故事，

经济总量要有大增长，还是得靠工业，尤其是辐射能力强的产业。

在徐州涅槃的这些年，韶关原有的支柱企业中，韶钢遭遇了全行业产能过剩、韶冶出现污染事件停产整顿等问题，工程机械、汽车制造等新兴产业则未能整合成功，错失了发展良机。

至今还常被提起。

“当初TCL本来要在韶关无线电厂投资生产电话机，却被外经贸系统的一个科长卡住了，最后去了惠州，韶关就这样少了几百亿元产值啊！”一位韶关当地干部不无痛心地说，这个故事后来被曾任韶关市委书记的覃卫东数次提及，警示韶关人要解放思想、积极进取。

谋求新生：发挥“北大门”优势　韶关促“绿色转型”

徐州已经实现转型，韶关也正在加速追赶。“坚持绿色发展，振兴工业经济”成为这座老工业城市加快建设粤北区域中心城市的关键词。

“韶关作为山区市，发展条件较差、发展基础较弱。如果不急起直追，与全省的发展差距就会越来越大，实现‘两个率先’、建设幸福美好韶关也只能是一句空话。”在2012年的市委十一届三次全会上，韶关市委书记郑振涛直言。

作为广东的“北大门”，随着武广、京广高铁的开通，广乐高速、粤湘高速等新出省高速公路通道的建设，韶赣铁路前期正在推进，一个升级版的粤北交通枢纽正在形成。韶关市市长艾学峰说，要巩固强化韶关的交通优势，依托这些骨干工程，完善路网、站点布局，把高速、高铁与城市的交通连接起来，外联内接，开拓韶关发展腹地。

在粤北振兴布局中，韶关提出开展力争三到五年时间完成的“百项工程兴韶关”活动。这106个重点项目，涵盖了“造林绿化、节能减排、治污保洁、旅游景区、振兴工业、城市建设”等十大类项目工程，绿色、环保和生态经济价值等成为关键词。

“智能、绿色、超常”，“广东机械装备总部基地”……从武广高铁韶关站出来，出站通道两侧五花八门的楼盘和商铺广告中间，莞韶产业园做的“广东装备之都”灯箱广告分外醒目。

“昔日的辉煌得益于工业，今日欠发达也源自于工业。”郑振涛反思说。未来五年内，韶关必须把发展工业作为经济建设的主攻方向，充分挖掘老工业基地的潜力，发展新兴高端产业，以工业新崛起推动经济新跨越。

2011年年底，韶关和东莞联合主办了首届广东装备制造业国际高峰论坛。作为主导者的东莞（韶关）产业转移工业园借助论坛，将主导产业定位为机械装备，并高调亮出“打造广东装备制造业基地”的旗号。

随着广东“双转移”的东风，目前落户莞韶产业园区的项目已达300多个，规模以上工业企业62家，从业人员4万多人，形成了机械装备产业重点发展，新材料、生物制药等新兴产业异军突起的喜人局面。而按照目标，莞韶产

2000年以后，韶关就开始拉近与全省发展速度的距离。2007年开始的近五六年来，韶关更是开始了加速追赶，过去五年GDP的平均增速高过全省水平。（胡念飞　摄）

“老灰穷”曾经是徐州的代名词。以前的徐州，受煤炭等重工业影响，天空总是灰蒙蒙的。而近年来在城市环境改造中，徐州的城市功能实现了由弱到强的转变，生态环境更是“由灰到绿”，一座老工业城市的森林覆盖率居然位列江苏全省第一。

作为广东的“北大门”，随着武广、京广高铁的开通，广乐高速、粤湘高速等新出省高速公路通道的建设，韶赣铁路前期正在推进，一个升级版的粤北交通枢纽正在形成。

业园工业总产值将在2015年达到500亿元，到2020年达到1000亿元。

“其实自2000年以后，韶关就开始拉近与全省发展速度的距离。”杨水养说，2007年开始的近五六年来，韶关更是开始了加速追赶，过去五年GDP的平均增速高过全省水平。不过，从总量基数看，韶关仍然任重道远。

数据对比

韶关

年份	生产总值	同比增长（按可比价格计算）	人均地区生产总值（按常住人口计算）
2008	545.87亿元	10.6%	18503元，增长10.3%
2009	571.73亿元	10.1%	19312元，增长9.7%
2010	683.1亿元	12.5%	2.3万元，增长12.1%
2011	813.95亿元	12.1%	2.87万元，增长12.1%
2012	888.48亿元	9.8%	3.11万元，增长9.1%

来源：韶关市统计局统计数据

徐州

年份	生产总值	同比增长（按可比价格计算）	人均地区生产总值（按常住人口计算）
2008	2007.36亿元	13.5%	23069元，无相关增长比率，需另行计算（下同）
2009	2390.16亿元	13.9%	27514元
2010	2866.93亿元	13.9%	33233元
2011	3551.65亿元	13.5%	41407元
2012	4016.58亿元	13.2%	46877元

来源：徐州市政府官网统计数据

记者观察

韶关改名韶州？玩笑背后是有待激活的闭塞观念

对过去辉煌的缅怀，对错失机遇的遗憾，对当下落后的焦虑，对长远未来的期望……在采访中，这些复杂的情绪不时地在当地人的言谈中悄然显现。说起韶关发展的话题，一名老韶关人半开玩笑地说："我觉得韶关应该改名韶州。"

韶州，是韶关曾有过的众多名字之一，始自隋朝开皇九年（589年）。但那并不是韶关历史上最辉煌的年代，而"韶州"之名，更不能与号称华夏九州之一、"彭祖故国、刘邦故里、项羽故都"的徐州相提并论。

老工业基地的辉煌，也让韶关这样的城市不把消费类的轻工业太当回事，错过了培养新兴支柱产业的机遇。

事实上，即便对比现在的韶关和徐州，不管是经济总量还是人口规模，也早已不可同日而语。但同为老工业基地，同靠重工业崛起，同样地处本省北方门户、身为交通枢纽、坐拥矿产资源……韶关和徐州又有太多的相似之处。

分析徐州的复兴，和"南接北拓，工业转型"两项措施密切相关。

一、在争取外部扶持上，徐州每年都组织到上海、苏州、无锡召开投资说明会。在无锡挂职的20名徐州干部，更是以积极主动的姿态频繁前往上海，敲开100多家世界500强企业驻沪办事机构的大门，向他们推介徐州。

二、在增强内部实力上，徐州抓住国企改革机遇把具有传统优势的工程机械产业由"粗大笨"做向"高精尖"。由于装备制造业的带动，徐州具有自主创新能力的医疗电子、数控技术、新能源等高新技术企业也快速发展。

"苏北这六七年来，发展确实很快，但要看到这背后是近20年的孕育准备。”江苏省社会科学院经济研究所副所长胡国良说，随着交通被打开，苏南带来的市场化、国际化思路迅速扩散影响了苏北的保守封闭观念。正是有了思想解放的基础，以徐州为代表的苏北城市才在近些年产生了突破式发展。

粤北地处山区，与苏北在天然资源上有一定差异，不可能照搬经验。比起徐州，韶关生态压力更大，用地指标更紧张。韶关的相对落后和错失发展机遇，都有客观的原因，但背后的观念差距却无法回避。

2011年来韶关的韶关学院经济管理学院院长肖华茂说，韶关如今提出生态发展、绿色转型，要解决的问题很多，但最重要的还是思想观念的转变。“比如支柱企业对配套产业的拉动是很大的，未来发展不能坐等项目上门，而是应该走出去选项目。”

“韶关坐高铁到广州不到1小时，但观念至少落后广州7—10年，甚至都不如内地一些城市。”韶关学院经济管理学院经济系主任杨树臣教授坦言，韶关山清水秀，休闲宜居却观念闭塞，激情活力不够。要打造粤北区域中心城市，未来要做的首先就是激活韶关的社会氛围。

“改名不是因为韶州名字有多好，而是韶关这个名字不好——‘韶关’是因为明清时曾在曲江县的武水、浈水设立税关得名的，韶关人现在最应该做的就是打开关卡，改革开放啊！”这名老韶关人笑道。

（南方日报记者　牛思远　丁雯）

河源VS赣州
坐拥稀土资源　致力产业突破

河源市和平县位于广东省东北部东江上游，与江西省赣南地区接壤，北距赣州市250公里。20世纪末，全国各地的淘金者不远千里来广东“淘金”。在江西人眼里，他们羡慕赣州离改革开放前沿阵地最近。

随着粤赣高速全线通车，赣州至广州、深圳车程仅需4小时，融入“泛珠三角”一体化经济圈，形成了地产、稀土、脐橙三大产业增长点。

接受南方日报记者采访的数十名河源干部民众皆感叹，现在赣州发展势头猛，早把河源甩在了后头。

公开统计数据显示，河源市2012年实现生产总值约615亿元，税收收入约76亿元；赣州2012年实现生产总值超过1500亿元，税收收入超200亿元。

赣州之所以发展迅速，和“稀土王国”密不可分。记者从赣州市相关政府部门的统计数据获悉，和稀土相关的产业已经成为赣州工业的主要支柱，更有县区财政收入的七成来自稀土产业。2011年，赣州规模以上稀土企业实现主营收入373.89亿元，占全市规模以上工业

在江西人眼里，他们羡慕赣州离改革开放前沿阵地最近。随着粤赣高速全线通车，赣州至广州、深圳车程仅需4小时，融入“泛珠三角”一体化经济圈，形成了地产、稀土、脐橙三大产业增长点。

总产量的20.3%，税收收入为28.6亿元，对全市财政收入增收贡献率达到35%。

而同样坐拥丰富稀土资源的邻市河源，稀土年开采量仅为200吨，相比赣州万吨的年开采量，经济贡献几乎可以忽略不计。

“等不起了，要尽快迈出第一步！”和平县委书记蓝岸呼吁，必须把稀土产业加快培育成重要的战略性新兴产业，作为发展的利器。

赣州：管理稀土比管毒品黄金还严

2013年3月6日，和平县国土局两名副局长和记者一同前往赣州市定南县矿管局，距离和平县城仅半小时车程。踏进定南县，“谁污染谁治理”、“促进稀土工业新发展”的横幅随处可见，路旁不时能看到一片片

赣州市大华新材料资源有限公司工人在加工氧化钇。（周科　摄）

顺着山势修建的大池子，蓄着白色的液体。崇山峻岭之间，可以看到PVC管蜘蛛网状爬满山头。

定南县矿管局相关负责人热情接待了记者一行，拿出了一份《定南县矿产资源总体规划》。

随着稀土价格水涨船高，乱采滥挖等非法行为成了地方政府的“心病”。据赣州市一名不愿意透露姓名的矿管局前领导透露，从20世纪70年代到90年代，赣州县县有稀土，都是无序开采，20世纪80年代赣州地区的稀土开采点一度达到1035个，造成了资源浪费、水土流失等严重的问题。

同样坐拥丰富稀土资源的河源、赣州，赣州稀土产业对财政贡献达到35%，而河源几乎可忽略不计。

在稀土“治乱”上，赣州“觉醒”得较早。早在2004年，赣州开始对稀土资源实行“四个统一”，取缔、关闭稀土非法采矿点达3000多个，捣毁浸矿池2645个。

赣州将8个稀土资源大县的88个采矿证“化零为整”，全部收回，由赣州市政府和这些县以股份制方式，联合组建赣州稀土矿业公司（下称“赣州稀矿公司”），对该市稀土资源统一开采，稀土矿山生产统一管理，稀土矿产品统一经营，以及稀土工业统一招商。

不仅如此，手握采矿权证的赣州稀矿公司如将稀土矿的开采发包给个人或者其他公司，这些个人、公司开采出来的矿石都将由赣州稀土矿业全部回购。

如此一来，赣州一地的稀土产业链，被牢牢掌控在赣州稀矿公司手中。无论是对当地的财政收入，还是未来的招商引资来说，都是一张王牌。

2004年，赣州稀土和钨土两个产业仅实现产值10亿元。2011年，赣州市规模以上稀土企业实现主营收入373亿元，还形成了硬质合金及刀钻具、稀土永磁材料及永磁电机、稀土发光材料和新型光源三大基地。

赣州市的计划是，下一个五年，稀土产业主营业务收入确保600亿元，力争800亿元，稀土和钨土两大产业要从“百亿元”往“千亿元”上“跳”。

在赣州的一些稀土资源大县，稀土是地方的支柱产业和重要税收来源。以定南县为例，当地稀土税费占全县财政收入近1/3，其中大华新材料资源有限公司在2012年实现主营业务收入6.51亿元，实现利润2.87亿元，实现税收1.61亿元，为县域经济发展作出了突出贡献。

“赣州模式”一度被前来检查的官员评价为“管理稀土比管理毒品、黄金都更严格”。

据和平国土局前来学习的两名官员回忆，南方五省区（广东、福建、江西、湖南、广西）稀土开发监管联席会议曾于2010年在广东河源召开，赣州在会上作的是“经验性发言”，其他地方则是“表态性发言”。

河源：合法开采量少　有资源没产业

与赣州形成鲜明对比的，是河源尴尬的稀土产业现状：仅出售稀土原矿，在稀土深加工、研发和应用领域几乎空白，产业链连影子都没有。

“有资源，没产业。”河源市经信局产业技术科科长谢伟东感慨。据公开资料显示，河源市是中国重要的稀土资源产地，其资源以珍贵的离子

河源古云村牛栏埂稀土矿开采总部的洗矿池。

型稀土矿为主。目前探明储量约8.35万吨，占南方地区稀土总量的21%，在广东省稀土产业发展总体规划中，已将河源列入重点稀土规划区和稀土加工基地。

空守着大量优质的稀土资源却难以利用，成了河源的难言之痛。谢伟东告诉记者，有限的合法采矿量是制约河源稀土产业发展的重要原因之一。

手中握有采矿权证，才具有对稀土的合法开采权。目前，河源仅有一本稀土采矿权证，而且获批的矿区面积仅有0.138平方公里，采矿范围内资源接近枯竭。

而邻近的赣州市之前拥有88本证，2012年经国土资源部整合后缩减到44本，占全国稀土采矿权证的六成以上。

除采矿权证受限外，由国土资源部和工信部下达到河源的稀土开采总量也极为有限。谢伟东告诉记者，近几年来，河源每年的开采总量只有约150—200吨，而赣

有资源，没产业。与赣州形成鲜明对比的，是河源尴尬的稀土产业现状：仅出售稀土原矿，在稀土深加工、研发和应用领域几乎空白，产业链连影子都没有。

州则有上万吨。

河源市矿业发展有限公司副总经理黄兆平告诉记者，河源曾经也是稀土开采大市。20世纪80年代，国家对稀土开采没有严格限制，河源市开采矿山达30多个，还建有两个国有稀土分离厂。随着90年代稀土价格走低，稀土开采加工陷入低潮，当地稀土矿山和加工企业几乎全部倒闭，原有的采矿权证也只保留了一本。

时过境迁，稀土产品价格在21世纪初突然开始飙升，而此时河源当地的稀土产业仍未从打击中恢复过来。

但与此同时，非法盗采稀土资源的现象在河源大量出现。据统计，在盗采高峰期，河源全市有稀土矿的40个乡镇就有近300个非法开采稀土矿点。河源市国土资源局副局长邵卫根告诉记者，当地政府投入了大量人力、物力打击非法盗采，却难以从稀土资源中获得财政收入。

据知情人士透露，在河源市偷采的稀土，绝大部分被卖到赣州，再进一步进行深加工。“稀土的应用面非常广，都是具有高附加值的产业。”邵卫根向记者介绍，“开采一块钱的稀土原矿产品到做好产品拿出去卖，卖到1000块钱以上都非常容易。”然而，目前河源市稀土深加工领域却几乎空白。

河源市华达集团东源古云矿产开采有限公司总经理王成坚告诉记者，该公司是河源唯一持有稀土采矿权证的公司，由广晟有色公司控股。“政府要协助企业把合法采矿的量扩大，有原料基础，再进行深加工，只有几百吨产量是没办法搞深加工的。”

产业基础的薄弱，使得河源在稀土后端产业发展上举步维艰。“分离冶炼一空白，后端产业发展就非常难，虽然现在新材料、新电子产业方面对稀土有需求，但在河源本地却没有这种来源。”河源市发改局局长黄添胜说。

在谢伟东看来，河源稀土产业链的缺失也有环境保护因素的影响，“受《广东省东江水系水质保护条例》限制，东江流域不准建设稀土分离厂，导致深加工很多项目没办法上马。”

“‘守着金饭碗讨饭吃’不是长远之计。”河源市相关领导透露，他们已经多次向省里和中央要求支持河源市办理稀土采矿证，请求省里出面，商请国土资源部支持，增加河源市合法开采稀土矿权证和矿山数量，扩大开采范围，增加年开采量。

“整顿和规范矿产资源开发工作既要堵，也要疏，河源只有将资源优势转化为经济优势，才能解决河源老百姓生产生活的实际困难。”

产业基础的薄弱，使得河源在稀土后端产业发展上举步维艰。

守着金饭碗讨饭吃，不是长远之计，要疏堵结合，将资源优势转化成经济优势。

破题路径：建设产业链　回收利用资源

尽管困难重重，努力争取稀土产业政策的河源终于等来了好消息：河源市与中国五矿集团（以下简称“五矿”）联合编制的《河源市稀土产业规划》不久前得到了国土资源部的认可。在许多人眼中，这意味着河源争取稀土采矿权证的砝码又加重了一些。

2013年3月5日，河源市经信局派出考察团队赴江西赣州，考察学习该地区开发和经营稀土资源的经验。

据邵卫根介绍，早在2006年，河源就与广东广晟有色金属集团有限公司签定了协议，双方共同合作开发稀土项目。然而，二者之间的合作进展并不理想。直到2011年3月，河源市政府又与五矿签署了《合作开发河源市矿产资源勘查开发战略合作协议》。“和五矿合作不具排他性。”邵卫根说，“这次我们不仅是把稀土作为资源，而是要做大做强，形成产业链，成为经济增长支点。”

在河源采访中，接受南方日报采访的官员和行业管理者不约而同地提到了一个词——后发优势。在邵卫根看来，《河源市稀土产业规划》的制定与通过，“高规划，高起点，就是河源稀土产业‘后发优势’的体现”。

“学习赣州的经验和教训，避免走弯路，赣州早期稀土开采的浪费很大，资源的回收有浪费，点多面广，造成环境污染的问题，我们现在起点可以更高，建环保型矿山，选点主动避开人群，避开产生污染的可能，这是我们的后发优势。”邵卫根说，五矿已经在河源组建研发检测中心，为稀土产业链建设提供技术支撑。五矿进驻河源后，立即在当地开展资源勘查工作，根据专家的勘察工作结果估计，河源稀土矿产储量可能有较大幅度的增加。

河源市发改局局长黄添胜认为，珠三角是稀土发光材料的大市场，而河源的原料运输成本相对较低。与赣州相比，河源具有明显的区位优势。

日前，省经信委同意在河源规划布点稀土高新材料产业园，初期规划土地约1000亩。与此同时，河源与五矿联合举办的首届稀土产业招商会也正在如火如荼地筹办中。

“现在我们是万事俱备，只欠东风了。”邵卫根信心满满地说。所谓“东风”，指的就是增加稀土开采权证。

而在“东风”暂未吹向河源的情况下，当地官员也在思考着稀土开发利用的突破口。

和平县稀土资源丰富，曾是稀土盗采的“重灾区”，当地政府经过铁腕整治，对盗采点进行复绿，情况已大有改善。“我们过去集中在保护，但没有争取新的采矿权证，像治水一样光堵不疏，会引起一些矛盾。”蓝岸说，“既要科学规划，又必须要有突破口，要解决眼前老百姓生活的问题和地方发展的问题。”

珠三角是稀土发光材料的大市场，而河源的原料运输成本相对较低。与赣州相比，河源具有明显的区位优势。

蓝岸告诉记者，和平县开采的瓷土中，稀土含量可达万分之五。而和平一年外运瓷土超过200万吨，以此计算，其中可提炼稀土1000吨，可为县财政贡献上亿元财政收入。“如果不去利用，这里面的稀土就会被烧成瓷砖，白白浪费，非常可惜。”

这一做法在2012年7月举办的九省（区）20市（州）稀土开发监管联动联席会议上被明确提及，该会议发布的《关于规范重点建设工程及废弃矿山治理工程综合利用稀土资源的指导意见》显示，要求“对重点建设工程以及废弃矿山治理工程设计的稀土资源，按照‘应收尽收’的原则尽可能综合回收利用，确保宝贵的稀土资源不被丢弃、浪费和破坏。”

“不差资源，只差方法，目前没有明确消息获得新开采证的情况下，我们就可以从这个角度来突破。”目前，和平县已经向河源市和广东省递交了申请报告，呼吁上级有关部门出台相关政策，给予稀土资源的综合回收利用工作出路，实现矿山环境治理和资源合理保护并重。

据和平县国土局透露，目前在建的河源东环高速公路和平路段的路基土方中发现稀土成分含量较高，如不加以综合回收利用，大量含有稀土的泥土就会被平整为路基，从而造成大量矿产资源浪费。

蓝岸略显焦虑，走到办公桌前找到那份递交给省市有关部门的申请报告拿给记者：“政策可以灵活一点，让我们（和平县）先做试点搞起来。”

专家视点

强化生态理念　放大后发优势

河源稀土发展如何向赣州取经？中国五矿集团公司总裁助理王炯辉认为，赣州稀土产业起步早，已经逐步建立起了一套稀土产业政策和产业链，河源迫切需要学习的是如何合理制定相应的产业规划和扶持政策，在保护环境的前提下把资源、政策优势转化为经济优势和产业优势。

“河源的后发优势一定会凸显。”王炯辉认为，河源有自身的资源优势，又邻近广东稀土市场消费地——珠三角地区，具有区位优势。王炯辉建议，河源要想开发稀土资源，必须以科技创新作为支撑，强化生态理念，放大后发优势。

广东省地质局一名要求匿名的专家表示，前提在于地方经济利益和生态保护之间矛盾的处理。稀土资源开发的思路核心就在于在“保护中开发”。河源应看清自己的优势和基础，找到自己的位置，并遵循国家政策，顺应民生和生态，最后寻求合作方，进行产业整合，努力打造龙头产业，并建立起新材料产业园，找准稀土产业发展的突破口。

对于河源等粤东西北地区规划先行的做法，广东省政府参事、省委党校教授陈鸿宇接受了南方日报采访，强调注重规划的同时也不能错失发展机遇。河源要把发展作为第一要务，规划必须要落实行动。河源等粤东西北地区在缺乏足够的政策倾斜的形势下，比邻省城市发展落后，“也不能怪河源不努力，政策上要多支持”。

河源要想开发稀土资源，必须以科技创新作为支撑，强化生态理念，放大后发优势。

记者观察

期盼政策支持　开发利用资源

“守着金饭碗讨饭吃”的尴尬境遇，使得河源的发展陷入两难境地。一方面想抓住时机，而现实状况却是缺开采证缺指标；另一方面，只有极力打击非法开采，防止资源流失，才能把稀土资源储备起来。

看着有“稀土王国”之称的赣州市稀土产业“疯狂又给力”的发展，河源貌似也只有“羡慕嫉妒恨”的无奈。若无突破口，终会使得城市发展陷入“郁郁不得志”的消极境地。如果说，赣州市稀土产业的发展已经处于跑步进军的阶段，那么，河源市还处于学习走路的阶段。

“卖原矿”处于产业最低端，也是河源的真实写照。《世界是平的》一书就将世界说成是一个外包工厂，而“卖原矿”则是处于这个世界工厂的最底层，终究是被人压榨的对象，而利润却寥寥。

赣州市的发展模式大部分都从其他地方收集原矿，来进行精深加工，整合稀土矿产企业，向形成强大产业链的方向迈进。可见，产业链建成对经济影响力的辐射起到不可或缺的作用。

政策支持的缺失，同样给河源稀土矿产的发展带来制约。当前，稀土作为重要战略性资源的地位越来越突出，河源早期一直致力于专项打击偷采和开展复绿工作，对资源和环境的保护意识已经形成。期盼的，是政策上更给力。

如今，河源需要以一种破竹之势，在资源的开发利用上开辟康庄大道。发展稀土产业，必须靠两条腿走出一条逆袭之路。

（南方日报记者　杨大正　范琛　实习生　柯祥虎　汤蓉）

梅州VS龙岩
交通之变成就跨越发展

广东梅州与福建龙岩，两个享誉海内外的客家城市，都是闻名的边区市、经济欠发达市。相似的历史、语言和长期以来的发展状况，让两市惺惺相惜、抱团取暖。进入新世纪的某一天，梅州人突然发现："龙岩人怎么比我们有钱了？"

2012年，梅州地区生产总值745.98亿元，龙岩是1374.65亿元。近十年来，龙岩的GDP均高于梅州。在一些区域发展论坛或研讨会上，广东梅州与福建龙岩常被用作对比的例子，有网友疾呼："梅州快向龙岩学习！"

有梅州人说，梅州的地理位置非常尴尬，恰好在珠三角、海西的"夹缝"之间，"两边都够不到"。不过，梅州眼下正计划在两年内修通4条高速公路，2015年"县县通高速"，彻底打破交通瓶颈，将交通的劣势变为优势。

梅州市委书记朱泽君表示，梅州承认落后而不甘落后，将以"全力加快绿色经济崛起，建设富庶美丽幸福梅州"为核心任务，建设粤闽赣边区域性中心城市、广

梅州的地理位置非常尴尬，恰好在珠三角、海西的"夹缝"之间，"两边都够不到"。不过，梅州眼下正计划在两年内修通4条高速公路，2015年"县县通高速"，彻底打破交通瓶颈，将交通的劣势变为优势。

东生态产业发展试验区和美丽中国先行地。

交通拖发展后腿：梅州远离广深　承接辐射不易

1994年的一个冬日，梅州五华县的黄世声踏上开往福建龙岩的长途客车。沿途到处在修路，本不算远的路程足足走了22个小时。

那时，黄世声的老家梅州还是个典型矿产资源型城市，煤矿是最大的产业。而彼时的龙岩只有一个街心公园、一条路，一眼就能望穿整座城，城市的支柱产业同样是矿产资源。

黄世声先倒卖服装，又开了家首饰加工店，专做黄金首饰。后来家电行业兴起，他开店卖起了家电，如今已成为龙岩数得上的家电连锁销售企业。

近几年，他经常回老家梅州，但他发现，梅州的发展并不如龙岩般迅猛，“我梅州、龙岩两边跑，对比起来感受特别深刻”。

梅河（河源—梅州）高速进入梅州城区的水泥路边，王师傅开了家饭店，近10张桌子算得上规模适中，但一个中午最多接待三四桌客人。“没办法，本地来我这消费的人不多，做的都是过路客人生意。”

他在十几年前去过龙岩，那时龙岩并不起眼。这几年经常听过路客人说龙岩发展得快，他转而盘算起自己的生意：“梅州高速路少、车也少，这要是在龙岩，我这路边店能多赚不少钱啊。”

历史上中原人6次南迁，落脚于闽粤赣三地交界的人称为客家人。梅州、龙岩这两个典型的客家人聚居城市，一个被称为“世界客都”，一个自称“客家祖地”，二者自然条件、风俗习惯、交通区位非常相似，曾经往来密切。

不过，有数据显示：2012年梅州全市生产总值为745.98亿元，同比增长10.7%；龙岩全市地区生产总值1374.65亿元，增加12.1%。近十年来，梅州地区生产总值皆落后于龙岩。

历史上境遇的相似，如今的落差让一些梅州人想不通：为何龙岩“突然”变富了呢?

最近这几年，梅州市统计局每年公布经济情况时，还会为当地经济“把脉”，结论一般是：经济总量小、县域经济实力弱、投资规模小、工业基础薄弱、大项目少。

梅州市市长谭君铁接受媒体采访时曾表示，梅州处于粤闽赣三省交界处，交通不发达，资金流、信息流、人才流各方面都难以聚集。“梅州现在的主要问题就是远离中心城市，离深圳、广州有三四百公里，接受大城市经济辐射能力比较弱，距离导致障碍，区域经济发展受到了比较大的制约。”

迄今为止，梅州还有平远、大埔等县未能通高速公

梅州、龙岩这两个典型的客家人聚居城市，一个被称为“世界客都”，一个自称“客家祖地”，二者自然条件、风俗习惯、交通区位非常相似，曾经往来密切。

梅州雁鸣湖度假村一景。如今，“休闲到梅州，享受慢生活”已深入人心，吸引了不少游客。

路。“福建的高速公路早就修到广东家门口，就等我们去对接。他们的海西经济区概念做得非常好，区内交通顺畅，我们要赶紧去对接。”梅州一位干部接受南方日报采访时认为。

正如外地人的第一感受一样，从外地到梅州交通不太方便，进了梅州主城区顿感局促。梅州城区聚集人口不到50万，但整个大梅州市人口达500万。城区人口少，商家难寻商机，产业自然难以聚集。

2013年年初，中共中央政治局委员、广东省委书记胡春华到梅州视察工作，在肯定梅州生态、环保等方面成就的同时也指出，梅州面临的最主要问题仍然是发展不足——交通不发达已成为梅州发展瓶颈，主城区有待做强做大，要形成加快发展的产业基础。

交通落后、主城区太小、产业落后，这让梅州不少干部痛定思痛，“觉得每一项都切中梅州的要害”。

路通带来大发展：龙岩交通突围后产业集聚

如果一座城市的交通跟不上，企业便担心成本过高不愿来投资；而改善交通，由于当地财政收入跟不上，实现大突破的可能性不大，这似乎是个恶性循环的“怪圈”。区位、交通条件曾非常类似的龙岩，在这方面又是如何破解的？

“对交通和基础设施，龙岩特别肯花钱。”多位接受南方日报记者采访的龙岩政商界人士表示。

龙岩市经济合作协调办公室的陈育回忆，龙岩的经济基础曾非常薄弱，早在20世纪八九十年代，龙岩的城市规模、经济水平落后于江西赣州、广东梅州。那些年交通不便，乘汽车从厦门到龙岩动辄一二十个小时。“生意人坐车坐到怕，更谈不上来投资，没办法和厦漳泉接轨，龙岩经济怎么可能发展？”

龙岩的交通跨越式发展始于1996年的漳龙公路（漳州—龙岩）首期正式开建，此后的龙长高速、永武高速、莆永高速陆续通车，现在龙岩全境7县“县县通高速”，而此前福建只有经济强市厦门、莆田能做到这一点。

加上龙漳、龙梅、龙赣3条铁路线，如今从厦门到龙岩，乘坐动车只要1小时20分。“就是要向厦门靠拢，它经济发达，我们就做它的后花园。”陈育说。

路修好了，企业、项目纷至沓来。龙岩先后上马了龙工挖掘机项目、新龙马重卡项目、新龙马微卡项目、新龙马汽车发动机和微面项目，龙工配件园、汽车工业园、福龙马环卫装备工业园、铜产业循环经济园，紫金20万吨铜冶炼……

“大工业、大企业是我们龙岩经济的支柱。”龙岩市经贸委投资规划与产业协调科副科长林卫华说道。因为认识到支柱企业对当地经济的带动，龙岩搞了“1+2”，即培育1个千亿级机械产业，发展商贸物流、有色金属方面2个500亿级产业。

修路，其实是在找“圈子”——想尽办法与发达经济圈对接，让发达经济圈的企业前来投资，受到它的良

如果一座城市的交通跟不上，企业便担心成本过高不愿来投资；而改善交通，由于当地财政收入跟不上，实现大突破的可能性不大，这似乎是个恶性循环的“怪圈”。

2012年12月18日，施工人员在古武高速龙岩段施工。交通大突破已成为梅州、龙岩两地抢占发展高地的重要抓手。（魏培全　摄）

性辐射。之前龙岩加入了闽粤赣13市经济技术协作区，如今在龙岩叫得最响的却是“山海协作”，山是龙岩，海是厦门，厦门各个区逐一对口帮扶龙岩各个县，龙岩一些企业正是从厦门转移而来。

软环境同样吸引投资。一本黄色小册子《促进工业企业发展政策选编》在龙岩企业家群体中颇为流行，他们没事就翻册子找投资之道。册子的编写者是龙岩经贸委。2012年经济不景气，经贸委整合了从国务院到福建省再到龙岩市的优惠政策，只要对企业有帮助，全部收入其中。随后，有关部门又搞了“千名干部进千企”活动，每名干部对应一个企业，送册子、送政策，“要用尽政策，把实惠让给企业”。

“交通、软环境，这是我们引来产业投资的最大两张王牌。守住了这些从厦漳泉来龙岩投资的企业，就是贴紧了厦漳泉经济圈。”陈育说。

成功融入厦漳泉经济圈后，龙岩又致力于做大中心城区，要求中心城区有支柱产业，此外辖区也要实现一县一支柱产业。其城市口号也变为：产业龙岩、创新龙岩、生态龙岩、文化龙岩、民生龙岩。其中，产业被放在第一位。

梅州将迎机遇期：工业先行　交通破题扶贫助力

“大项目还不够，项目是产业支撑，我们必须多几个超10亿元的产业。”龙岩干部林卫华说。

“在工业这一块，我们梅州目前和龙岩还没法比，但我们的优势是生态旅游、绿色经济。”有梅州市的干部认为，梅州有自己的优势——在与龙岩一系列数据对比中，梅州旅游收入一枝独秀，2012年梅州旅游收入150.72亿元，龙岩只有109.35亿元，这已在福建全省排第一。

最近几年，梅州旅游的发展形势“一年比一年好”。梅州市旅游局副局长杨贵宏说，2012年一年，梅州市在旅游广告宣传方面投入了3000多万元，“休闲到梅州，享受慢生活”的概念深入人心。

因为地理位置，梅州是珠三角游客开车去福建必经之地，也是歇脚经停点。梅州利用这得天独厚的地缘优势以及较为优越的接待能力，发展特色旅游线路，也同时推出了“两天住在梅州，一天看永定土楼”等旅游产品。

因为地理位置，梅州是珠三角游客开车去福建必经之地，也是歇脚经停点。梅州利用这得天独厚的地缘优势以及较为优越的接待能力，发展特色旅游线路，也同时推出了“两天住在梅州，一天看永定土楼”等旅游产品。

杨贵宏说，梅州希望提高自己旅游景点单品的品质和地区的接待能力，在这次旅游突围战中获胜。

眼下，梅州市政府每年有1000万元扶植中小旅游企业的专项资金，鼓励企业做强做大，鼓励绿色经济发展。其中，突出“绿色文化、红色文化、客家文化、养生文化、创意文化、宗教文化”等六大文化，大力发展休闲度假、健康养生、婚庆服务、文化创意、服务外包、生物科技等幸福导向型产业，以文化和旅游为牵引，带动一、二、三产业全面协调可持续发展，全力创建广东生态产业发展试验区和美丽中国先行地，打造世界客家人的心灵回归区。

嘉应学院科学技术与社会发展研究所所长沈健博士认为，首先文化旅游可以大力发展，不过，梅州的长远发展还是要靠现代高科技工业，如建构和引入目前先进技术研发平台、一流的新产品研发和生产平台，有了高技术，自然会有高层次人才的汇聚。其次，发展高技术性的生态经济，如生物科技。最后是发展知识密集型产业，梅州的区位劣势是无法更改的，但知识密集型产业与区位、交通关系较小，如软件开发、电子商务平台、电子物流平台。

这一点与梅州市委、市政府的决策不谋而合。梅州市委书记朱泽君说，梅州产业暂时较落后，他们已意识到必须做大现代工业。目前梅州编制实施绿色现代产业发展规划，致力于打造新材料、新电子、新医药、新能源等新兴产业，壮大烟草、电力、建材、矿业、陶瓷、酿酒等传统支柱产业。预计至2015年，培育产值100亿元骨干企业1至2家、50亿元企业2至3家、20亿元企业4至5家。希望借助培育这些新兴产业，走出一条又好又快的发展路子。

另一个利好消息是，我省日前启动了新一轮扶贫开发，将梅州市的五华县、大埔县、丰顺县列为重点县，提出鼓励和支持珠三角地区低耗能、少污染的高新技术产业到重点县（市）产业转移园区集聚发展，更加注重用发展的办法解决贫困问题。可以预见的是，梅州产业将迎来新的大发展。

梅州的愿景是，2年内开通梅大高速及东延线、汕湛高速五华段、济广高速平兴段等4条高速公路，2015年实现“县县通高速”。

“以前交通是我们的劣势，我们自身观念在转变，大力做产业，待高速路网更完善，就会变劣势为优势，这将是发展的黄金机遇期。”梅州的干部群众信心满满。

目前梅州编制实施绿色现代产业发展规划，致力于打造新材料、新电子、新医药、新能源等新兴产业，壮大烟草、电力、建材、矿业、陶瓷、酿酒等传统支柱产业。

数据对比

2012年两市GDP及增速

	生产总值	同比增速
梅州	745.98亿元	10.7%
龙岩	1374.65亿元	12.1%

梅州

客家人聚居城市，“世界客都”，目前仍有平远、大埔等县未能通高速公路，力争2年内开通4条高速公路，2015年实现“县县通高速”。

龙岩

客家人聚居城市，“客家祖地”，目前全境7县已“县县通高速”。

专家视点

梅州要融入珠三角经济圈

梅县是梅州经济最强县（区），一县3家上市企业，又有多条高速公路，但在梅县县委书记张文广看来，梅县在交通建设、区域融合方面仍大有文章可作。

“我们想靠珠三角辐射，但到珠三角开车要4个小时；我们本来距离潮汕地区近，但汕潮揭经济圈的辐射能力还不够强大，这就造成我们被夹在中间的尴尬。”他认为，以梅县为例，一定要找准适合自己的圈子，那就是珠三角经济圈。

沈健认为，梅州首先最为重要的是融入珠三角经济圈，其次才是海峡西岸经济圈和汕潮揭经济圈。“关键要看哪个圈更能拉动自己的发展，以及自身条件更能融入哪个圈。与海西对接，中间还有省界行政区划的隔阂，因此首选珠三角经济圈。最直接的手段就是建造高速城际铁路或高规格的高速公路。从长远来看，要力争以自身为中心形成粤闽赣三省交界经济圈。”

沈健认可梅州做大新兴产业的思路，但同时建议，对各县市的产业进行总体布局，形成互补型和相互推拉型产业格局。避免各自为政、各自招自己的商、各自引自己的资，避免不同县域的招商引资项目的重复性、竞争性和相互排挤性。各县区要有明确的产业定位，围绕产业链和产业群的自身发展规律来布局招商引资项目。

记者观察

坚定绿色发展　做强核心竞争力

与曾经的梅州类似，龙岩的煤矿成就了不少人发财致富的梦想。前些年梅州将小煤矿“一刀切”关停，龙岩则对小煤矿进行“整合”。龙岩的干部坦言，当地到现在都未能完全摆脱矿产资源型经济，这从矿业企业所占龙岩经济的份额就看得出来。

“我们已经很落后了，已经看不到厦漳泉的背影了。工业发达，第三产业水平低，‘烟税财政’占财政收入三四成。”龙岩市发改委综合科黄科长坦言龙岩经济的困境。

因此，眼下龙岩经济发展得快，但并不是绝对意义上的“好”。龙岩经济高速发展之后，工业非常强大，第三产业相对薄弱，投资后劲不足，正从资源型向高质量制造业艰难转身。它眼下面临的问题，对梅州也有启示，那就是坚定走新型工业化之路。

根据主体功能区划分，梅州承担了重要的生态保育职责，但这不意味着只要环境、不要经济。如专家建议，要真正落实一县一支柱产业、一高新技术产业园，进行高效、集约化的工业生产，毕竟产业才是经济腾飞

根据主体功能区划分，梅州承担了重要的生态保育职责，但这不意味着只要环境、不要经济。

的抓手。而当前梅州编制的绿色现代产业发展规划，正是在践行这一思路。

青山绿水、生态旅游，这些都是梅州发展的强大后劲，在省内独一无二。在客家文化、绿色旅游等方面，梅州只有找出不同于其他城市的“品牌”、“兴奋点”，才能真正做大做强。

（南方日报记者 张学斌 柯鸿海）

湛江VS北海
"蓝色崛起"梦殊途同归

1984年，当国务院公布首批14个沿海开放城市时，得天独厚的港口优势让分别位于雷州湾的湛江、位于北部湾的北海同时入选，成为这条沿海经济带上最南端的两座城市。

然而如今回顾这段历史，湛江人与北海人更多的是感到惋惜而非自豪。由于战略路径选择偏差，这两座城市的发展并不如人意。随着全面开放格局的逐步形成以及政策优势的淡化，湛江与北海不仅在14个沿海开放城市中排名靠后，在各自省区内的地位也逐渐下滑。

痛定思痛，这两座相隔仅百余公里的港口城市，再度将目光投向了身边的南海。以海洋经济为突破口，实现区域的后发跨越，成为两地的共同选择。

在整个中国乃至东亚的经济版图中，这里是珠三角、北部湾和海南国际旅游岛等三大国家级发展平台的交汇点，更是中国—东盟自由贸易区的门户所在，湛江与北海如何圆梦海洋，引人关注。

1984年，当国务院公布首批14个沿海开放城市时，得天独厚的港口优势让分别位于雷州湾的湛江、位于北部湾的北海同时入选，成为这条沿海经济带上最南端的两座城市。

共同梦想：依托海洋经济　后发跨越

1984年，当国务院选定首批14个对外开放城市时，湛江与北海成为了这条沿海经济带上最南端的两座城市。

然而30年开放大潮百舸争流，湛江和北海却未能争得上游。有学者分析认为，在传统的以行政区划配置资源的格局中，湛江和北海既不靠近港澳地区，又远离各自省区的行政中心，难以获得政策支持和资源倾斜。加上两座城市在发展战略上都曾出现过偏差，耽误了不少时间。

不过，近年来，随着海洋经济在经济发展中的重要性逐渐凸显，湛江和北海的临海优势日益凸显。以海洋经济为突破口实现后发跨越，成为两地的共同梦想。

站在湛江港20万吨铁矿石码头边向南远眺，数十公里外的东海岛钢

2012年，湛江港的货物吞吐量达到1.6亿吨。（丁玎　摄）

铁、石化项目工地清晰可见。湛江市发改委有关负责人介绍说，趁着国家规划建设枢纽港的时机，湛江抢先一步，“蓝色崛起”率先在港口经济上做文章，逐渐建成了石油、矿石、煤炭、化肥、粮食、木材、集装箱等专业化泊位和专业化设施，先后与100多个国家和地区开展贸易往来。到2012年，湛江港的货物吞吐量达到了1.6亿吨。

近年来，随着海洋经济在经济发展中的重要性逐渐凸显，湛江和北海的临海优势日益凸显。以海洋经济为突破口实现后发跨越，成为两地的共同梦想。

与此同时，湛江临港工业逐渐生根、发芽和壮大，中科炼化、宝钢基地等两大巨无霸项目落户湛江。围绕这些重大项目，湛江正在形成钢铁、石化、造纸产业集群，最大限度延伸项目产业链。

与湛江相比，北海的经济总量和产业规模都要小得多，但其特色却更加鲜明。3月虽然是北海旅游的淡季，但十里银滩上的游客已经不少。银滩免费开放的政策已经实施了整整十年，对游客的吸引力毋庸置疑。

依托良好的旅游资源，北海已成为仅次于海南的亚热带旅游名片，滨海旅游业成为其“蓝色崛起”的重要支撑。

在保持旅游城市特色的同时，北海也在培育更具内生性的发展引擎。从北海市区驱车向东将近一个小时，一块写有“铁山港欢迎您”的标牌出现在眼前。这片距离银滩50多公里的土地上，一片临港工业园正在加紧建设。

中石化北海炼油异地改造项目就坐落在铁山港工业园内，北海市北部湾管委会办公室副主任贺丰果告诉记者，这个项目从签约到投产只花了18个月的时间，创造了国内同行业同规模项目的最快建设速度，被誉为“北海速度”。该项目一、二期工程累计投资488亿元，年产值预计会超过1000亿元。

北海市委书记王小东认为，工业化是一个国家或地区走向繁荣发达的必由之路，作为后发展地区的北海，必须补上工业化这一课。巧合的是，湛江市委书记刘小华也多次作过类似表述。依托海洋优势重塑工业化引擎，成为了两地共同的选择。

发展难题：工业起步晚　实力较弱

在距北海银滩景区不远处，有一处由上百栋欧式小楼组成的别墅群。这里曾经是北海最大规模的烂尾楼群，当地政府花了十多年时间才逐渐对其完成处置，使其成为经济型宾馆聚集区。

20年前，北海的“房地产热”喧嚣一时，泡沫破灭后遗留下超过百万平方米的空置房以及巨额债务，成为北海沉重包袱。直到2006年，北海主干道旁的烂尾楼才基本清理完毕。此时，北海的经济总量已远远落后于其他沿海开放城市。

急于追赶的北海开始着力引进大型临港产业项目，以解决城市内生动力不足、缺乏产业支撑的问题。但北海人发现，生态资源的丰厚反而使得自己在大项目的争夺中处于劣势。要工业还是要环境，屡屡成为舆论争论的焦点。

而北海目前全力打造的铁山港，起步较晚，实力较弱。港口负责人告诉记者，2012年铁山港的运输量大概只有600多万吨，由于疏港铁路和公路都还在建设之中，这里的货源完全来自于临港工业园内的企业，要辐射西南腹地尚待时日。

“无论是城市空间还是产业规模，北海和湛江比还有很大差距。”在北海采访时，记者经常能听到这样的话。不过在湛江人看来，大也有大的难处。

“湛江市的海洋经济是大而不强。”湛江市海洋与渔业局局长罗辉直言不讳地说，湛江海洋经济总量全省第三，但还是以传统产业为主，海洋高科技产业、装备制造业和现代物流业等发展水平较低。

不少湛江本地官员都认为，这与湛江早年在发展战略上的失误有关。在20世纪八九十年代，当珠三角各地忙着推进第一轮工业化进程时，湛江把“两水一牧”（水产、水果、畜牧业）作为主攻方向。这虽然使得湛江在水产渔业等领域一直处于全省领先地位，但工业经济却长期落后。

从发展空间上看，面积是北海4倍多的湛江无疑具备更为充裕的环境容量，东海岛工业新城目前已经雏形初显。但在广袤的雷州半岛上，还有一串小岛和小港口没有得到充分利用，当地经济还是以农业为主。

湛江海洋经济的另一个软肋是旅游业。与周边的广西、海南相比，湛江旅游的名头远不够响亮。“为什么人家去北海、去三亚，就是不来湛江旅游？机票太贵了！”湛江市发改局一名官员对记者抱怨道。在2013年

但北海人发现，生态资源的丰厚反而使得自己在大项目的争夺中处于劣势。要工业还是要环境，屡屡成为舆论争论的焦点。

年初的省人大会议上，湛江团代表也集体批评湛江机票价格过高，直接影响了旅游业发展。湛江旅游资源的开发也有待改进，该市汉口路两侧有大量当年法租界遗留下的法式建筑，但记者采访时看到，这些房屋早已破败不堪，对游客毫无吸引力可言。

机遇挑战：北部湾经济区快速崛起

除了诸多内部因素的制约外，湛江还面临着严峻的外部挑战——广西北部湾经济区的快速崛起，这让湛江感受到越来越明显的压力。

“我们和北部湾的经济腹地基本重叠，如果现在不抓紧建设，货源肯定会被抢走。”说起诸多改扩建工程，湛江港集团副总裁卞亦眉并不掩饰这种竞争。她告诉记者，2012年湛江港就有一笔30万吨的原油分卸业务被转移到钦州港。

同样是瞄准大西南经济腹地，同样是重点发展临港产业，北部湾和湛江必然存在竞争，而在湛江市发改局副局长黄华兵看来，与充分整合的北部湾经济区相比，湛江在政策、资源等方面都不具优势，“广西是以全自治区的力量在建设北部湾”。

早在2006年，广西壮族自治区便成立了北部湾经济区管委会，将南宁、防城港、钦州、北海等四座城市纳入统一的北部湾经济区。2008年1月，国家正式批准实施《广西北部湾经济区发展规划》，北部湾开发由此上升为国家发展战略。“北部湾在重大项目审批、保税区、土地使用、规划编制等方面都能享受国家政策扶持，这些我们都没有。”黄华兵不无羡慕地说。

除了政策优势外，广西还对北部湾经济区实施了细致规划。比如北海一个城市就划分为两个组团，其中北海组团主要开发旅游和高技术产业，而铁山港区则和周边的龙潭共同组团，重点建设大能力泊位和海峡两岸农业合作区。钦州与防城港虽是两座城市但同属一个组团，主要发展临海重化工业和港口物流。这种跨越行政区的规划，有效减少了区内各城市的内耗，实现了资源的高效配置。

2008年1月，国家正式批准实施《广西北部湾经济区发展规划》，北部湾开发由此上升为国家发展战略。

相比北部湾，湛江所在的粤西地区，城市合作与资源整合才刚刚起步。2012年召开的省第十一次党代会提出建设湛茂阳临港经济圈，但一年来粤西三地合作雷声大雨点小，湛江当地不少官员都表示，希望省委、省政府层面能给予一定的引导与支持。

北海培育港口经济发展引擎，全力打造铁山港。（李君光 摄）

不过，北部湾的崛起给湛江带来的不仅是挑战，也有机遇。“竞争是发展的必然，我觉得广西和广东不能只盯着现在的存量，而应该一起把增量做大。”贺丰果对记者说，两广之间需要深化合作共谋发展。湛江与北海两地同时存在的两家渤海农业发展有限公司，从一个侧面映证了贺丰果的说法。这两家公司同属国内知名的粮油加工企业渤海集团，公司负责人告诉记者，正是看好北部湾周边良好的港口资源和发展态势，总部才决定先后在北海和湛江设立企业，共同覆盖两广及海南、西南市场。

黄华兵则建议，由广东省层面积极向国务院及国家发改委争取，打破了北部湾经济区发展规划的省际局限，将湛江市也纳入国家制定的北部湾经济区发展规划中，使湛江也能分享国家对北部湾发展的政策、项目支持。

记者观察

发挥深水港优势建临港产业体系

在湛江采访，区位优势是一个常常被当地人提及的概念。29年前，湛江正是凭借着拥有港口的区位优势跻身首批沿海开放城市；如今，背靠大西南、连通北部湾的地理位置，又给湛江提供了启动新一轮大发展的契机。然而正所谓福祸相依，湛江这种地缘上的区位优势假如不能与适当的发展战略相匹配，同样也会成为孕育危机的温床。

表面上看，湛江位于北部湾与珠三角的连接线上，又是大西南的主要进出海通道，理应具有“左右逢源”的优势。然而从另一个角度来看，湛江实际上是处在多个国家重点发展区的夹缝之中，尤其是与云贵川湘等内地省份并不接壤，经济腹地有限。如果湛江自身不能凝聚起较强的辐射力，则不但不能吸引各种资源流入，反而会被周边地区抢走资源，形成边缘化的结果。湛江是广东省内教育资源仅次于广州的城市，但过去20多年培养出的人才大部分流向珠三角，反映出的正是这种尴尬的现实。

在广西北部湾经济区快速崛起的发展态势下，湛江面临的挑战更加严峻。无论是西南地区的经济腹地，还是东盟的广阔市场，在地理上都更接近广西，“国字号”的经济区发展规划，让北海、钦州、防城港等地获得了更为优越的政策环境，难怪湛江港的高层管理人员会为来自西面的港口竞争而忧心忡忡。

如何扬长避短，防止区位优势沦落为劣势？湛江显然已经意识到“打铁还需自身硬”，继续发挥深水大港优势，推进钢铁、炼化、造纸等龙头项目，构建临港产业体系，是湛江提升城市竞争力与辐射力的明智选择。

有了产业的底气，湛江还需要以更加大气的胸怀、更加主动的态势融入区域合作。珠三角一体化和广西北部湾经济区一体化的经验都一再证明，只有大都市圈才能具备与世界进行分工交流所需要的完善基础设施，才能有足够的资源集聚和经济规模参与全球性竞争。就省内合作而言，湛江要实现粤西中心城市的目标，就必须在湛茂阳临港经济区的建构中担负起主导角色，同时借助高铁等交通设施建设加速融入珠三角两小时经济圈；就省际合作而言，湛江需要进一步开拓与广西的合作渠

湛江位于北部湾与珠三角的连接线上，又是大西南的主要进出海通道，理应具有“左右逢源”的优势。然而从另一个角度来看，湛江实际上是处在多个国家重点发展区的夹缝之中，尤其是与云贵川湘等内地省份并不接壤，经济腹地有限。

道，早日争取纳入北部湾经济区的发展规划。

从更加宽广的视野来看，湛江以及整个粤西地区正处于珠三角经济区、北部湾经济区以及海南国际旅游岛等三大国家级发展平台的连接点，更是中国海洋战略的关键节点之一。

湛江能否充分发挥这种区位资源谋得发展，关系到广东区域协调发展大局，关系到中国—东盟自贸区的全面建设，也关系到国家对南海海洋权益的维护。要实现这一层级的深入合作，显然非湛江一市之力可以做到，广东省层面应当考虑给予更大力度的支持。

专家视点

做足“海”的文章发展新兴产业

广东海洋大学教授白福臣认为，湛江自实施“工业立市、港口兴市、生态建市”发展战略以来，临港经济得到了快速发展，现已初步形成石化、林纸浆、家电家具、食品加工、医药保健、能源开发等临港产业。随着钢铁项目建设，未来有条件发展钢铁产业和装备制造产业。但是，目前这些产业集群化发展程度还不高，缺乏规模企业和龙头企业带动。

目前，湛江的海洋资源优势没有得到充分发挥，海洋经济结构不尽合理，尤其是海洋新兴产业发展严重滞后，海洋主导产业辐射和带动效应不强，海洋产业集聚和集群化发展还没有真正形成。

以湛江港为例，湛江港口货物吞吐量2008年突破亿吨，2011年达到15539亿吨，可见湛江港口发展还是很快的。但是，由于集装箱码头建设相对滞后，湛江港集装箱运输还不能满足发展的需要。此外，立体化交通基础设施还不十分完善，与打造区域性航运中心和物流中心存在一定差距。

在未来应着力构建现代海洋产业体系，以发展临海大工业为主导，大力发展滨海旅游文化产业和海洋交通运输业，积极培育海洋新兴产业，加快对传统渔业的转型升级，发展现代渔业。

另外，在省内，湛江所处的粤西地区拥有湛江、茂名和阳江三大港口，这三大港口由于地域相近、干线大致相同，存在非良性竞争问题。为避免同质化竞争，发挥港口整体优势，三市主力港口需进行功能重新定位，进行差异化、错位发展，形成优势互补是十分必要的。因此，三市在港口规划及建设方面，应加强沟通与合作，甚至有必要建立省级层面的协调机制。

而在省外，湛江与周边城市，包括广西北部湾的北海、防城港和钦州，区位和资源条件相近，海洋产业同构化问题十分突出，难免存在无序竞争问题。因此，湛江在发展海洋经济方面，尤其是在海洋生态环境保护与修复方面，加强与周边城市的合作非常重要。

湛江远离珠三角，从地理位置来说处于劣势，湛江最大的优势就是海洋，要做足海的文章，充分发挥海洋资源优势，着力打造生态海洋城市，擦亮城市品牌。当前，湛江不论是软环境，还是硬环境还存在不尽人意的地方，必须下大力气改进，以便获得更多的政策和项目支持。

（南方日报记者　袁丁　胥柏波）

湛江的海洋资源优势没有得到充分发挥，海洋经济结构不尽合理，尤其是海洋新兴产业发展严重滞后，海洋主导产业辐射和带动效应不强，海洋产业集聚和集群化发展还没有真正形成。

云浮VS梧州
“退城进园”背后的华丽转身

云浮与梧州，同在西江黄金水道的两岸，都处于珠三角3小时经济圈内。一个是广东的“大西关”，一个是广西的“东大门”，山水相连，语言相近，也都是珠三角地区沟通大西南的重要交通枢纽。

虽然一衣带水，但两城的经济发展却大不相同。广东最年轻的地级市云浮，虽保持了近几年经济增幅排在全省前列的位置，但经济总量偏小，处在传统经济发展模式向现代经济发展模式的艰难转型之中；而在珠三角产业“双转移”的东风下，借助明晰的产业规划，走产业园区化之路，梧州近几年经济实现了较快增长，在经济总量上将云浮甩在了身后。

比邻而居，共同的语言和文化，赋予了两个地区频繁的民间交流。相近的区位优势，同样有着对接珠三角的渴望，两地经济发展有颇多可借鉴之处。在发展的道路上，梧州比云浮暂时领先，梧州的发展规划可给予云浮诸多有益的启示。

广西“东大门”与广东“大西关”

同处西江“黄金水道”的两岸，交通对梧州和云浮地区经济发展影响至深。

翻开梧州的历史，自始至终都与水相关。梧州因水而生，又因水而兴，自古就被誉为“千年岭南重镇，百年两广商埠”。

20世纪90年代，铁路、高速公路网在全国初现规模，梧州却成了陆地运输网络间的缝隙，不通高速，80年代就着手规划的铁路修筑计划也一再推迟。守着黄金水道，却不复往昔繁荣，梧州伴随着水运的衰弱而衰弱。

此后，随着坚定不移的“东向战略”，高速公路和铁路在梧州紧密铺展。

为了融入“珠三角3小时经济圈”，连接“东大门”与“大西关”，2005年，梧州修建通车的第一条高速公路就是通向广东云浮的苍郁高速公路。然而，由于广东段的云梧高速迟迟没有对接，这条梧州最早通车的高速公路变成了“断头路”。经过双方多次磋商，历经5年的艰苦努力，广梧高速的最后一段云梧高速公路在2010年终于贯通。

第一条高速公路通车后的第四年，洛湛铁路永州至玉林段正式通车，结束了梧州的“没铁时代”。

今天，经过梧州在建或规划的铁路还有南广铁路、柳肇铁路、柳韶铁路等线路，它们与黄金水道交相辉映，“铁水联运”让梧州的西江港口腹地一再拓深，2012年GDP排广西前五的梧州成为了“聚宝盆”。

比起梧州，云浮离珠三角近了一半路程，东接佛

广东的“大西关”与广西的“东大门”同处西江“黄金水道”的两岸，交通对梧州和云浮地区经济发展影响至深。

山、南面江门、北临肇庆，离广州也只有140公里。一直以来云浮人都觉得云浮是“不小心被划出了珠三角版图”，它仿佛是后妈遗弃的孩子——2004年通车的广（州）云（浮）高速是广东地级市通高速公路的“最后两公里”。

云浮市市长卓志强接受采访时指出，虽然有良好的区位优势，但云浮与珠三角连接的交通基础设施滞后，连接云浮和珠三角的交通到目前还只有广梧高速公路。

云浮市地方志办公室主任朱正国指出，一直以来，云浮受“漏斗效应”影响明显，“由于靠近珠三角，本地的人力和资金都容易往珠三角流走”。

虽然近几年云浮市承接来自珠三角的产业转移项目有了一定规模，但支撑着云浮市发展的依然是石材、不锈钢、水泥等五大传统产业。传统产业为云浮谋发展打下了良好基础，但自然集聚发展的传统产业布局分散、管理粗放，难以转化为地区整体经济优势。传统产业如何转型升级，不断考验着云浮的执政者们。

云浮的山与水奏出的和谐旋律。

“退城进园”势在必行

云浮的石材产业是亟待转型升级的典型代表。石材加工业在云浮已经有了200余年的历史，如今密布在云浮云城区的石材加工企业，大大小小有3000多家。由于石材产业对交通、物流高度依赖，云浮在交通较为便捷的324国道两边形成了典型的“马路经济”。

1997年朱正国刚到云浮工作，看到石材产业的盛况时被“吓到了”，连连感叹：“这么好的一个产业！”但很快他就发现了问题：整个产业一点都没有分工和合作，都是各自做各自的，效率很差。

由于历史悠久，工艺水平高，云浮已经成为最大的石材加工基地。但朱正国深知，这样一个“大而不强”的传统产业，已经走到了十字街口。而且，位于山区的云浮平地少，城区发展可谓“寸土寸金”。但这些宝贵的土地却被石材加工业大量占据，压榨了其他产业发展的空间。

同样的问题，梧州比云浮早几年经历过。梧州是老工业城市，在打下了良好工业基础的同时，传统的工业聚集在城区内，将城区狭小、用地紧张的梧州堵死。“老企业市区污染大，又没有发展空间。”梧州市发展改革委员会工业科科长罗光杰表示，梧州开出的“药方”是“退城进园”。

传统产业为云浮谋发展打下了良好基础，但自然集聚发展的传统产业布局分散、管理粗放，难以转化为地区整体经济优势。传统产业如何转型升级，不断考验着云浮的执政者们。

2007年，梧州正式启动“退城进园”工程。罗光杰发现，将企业迁出市区、迁入园区不仅是城市扩容提质的需求，而且也是运用政府“看不见的手”推动企业转型升级的大好机会。

园区经济的好处是显而易见的。梧州市发展改革委副主任周雄认为，企业搬进园区，污染就可以统一处理；产业链上的企业聚集在同一个园区，降低了运输、沟通成本；产业的聚集也更有利于新技术的开发使用。

但怎样让这些发展了几十年的老企业心甘情愿搬去园区？“拿钱砸！”罗光杰开玩笑地说。梧州的对策是：市区原有土地出让后，将土地增值按比例返还给企业。这样，企业有了资金，又可以更新设备、扩大规模。

2010年起，云浮石材产业的“退城进园”也蹒跚起步。目前，三个大型的石材产业园正在建设，有的石材企业已经先期搬迁入园。“现在云浮的大部分石材产业是前店后厂，就像以前的‘温州模式’。进入产业园后，加工和销售必须要分开。”云浮市发改局总经济师李水友介绍，国际石材产业城将有整个产业链进驻，致力于打造成集加工、物流、交易、服务、商贸于一体的产业园。

产业园区化艰难转型

在云浮慢慢消化石材产业“历史负担”的同时，其他支柱产业也在由传统分散经营向现代园区经济的艰难转变中，期待政府“有形之手”推一把。

在以县域经济著称的云浮新兴县，不锈钢餐厨具产业是相当响亮的名片，产品高端、污染小、效益高，也是云浮民营企业自发聚集成产业群的典型代表。

新兴县不锈钢商会执行副会长区荣炎介绍，新兴县的不锈钢餐厨具制造业起步于1984年，当时由县内的一家农机厂与港商合作，在厂内设一生产车间加工、生产不锈钢制品，产品全部出口外销。有人带队后，一批香港出口贸易公司都设厂在新兴生产，不断积聚成了如今的不锈钢餐厨具产业，还带动了一大批与其相关的五金、塑料、玻璃、印刷、包装等行业发展。

早在2010年，就有企业提出将不锈钢聚集到一个管理规范的产业园中。这个观点得到了云浮市政府和新兴县政府的支持，并初步决定在新兴县原有的新成工业园里划出一块地来建设“园中园”。

在云浮慢慢消化石材产业“历史负担”的同时，其他支柱产业也在由传统分散经营向现代园区经济的艰难转变中，期待政府“有形之手”推一把。

建设中的广西西江长洲枢纽四线船闸。（张爱林 摄）

建园的工作随后就紧锣密鼓地开展起来，却一直没有下文。新兴县分管工业的副县长刘桂秋在接受记者采访时解释说："新成工业园在第三期征地时遇到了很大的问题。"他乐观地估计，"2013年8月左右可以供地给这些企业。"

与之形成鲜明对比的是，"白手起家"轻装上阵的梧州市再生不锈钢产业，得益于政府明确的产业规划和"产业园区化"的发展战略，一出生就享受到了完善的园区管理。

如今在西江黄金水道办工作的张远原任职于梧州市政策研究室，他的职责包括定期向市委提交一份《沿江七市经济发展分析报告》，对比的城市包括柳州、玉林、贵港、云浮、肇庆等。

"梧州要发展，只能走错位发展路线。"张远说，立足于黄金水道能够运输大宗商品的优势，借着珠三角企业产业转移的"东风"，以及国家鼓励发展循环经济的机遇，深入调研苦思熟虑后，一份缜密的"雁形阵势"产业规划图在2008年明晰起来。

在这个产业雁阵里，打头的是再生资源产业、再生不锈钢产业以及电子信息产业。这几个支柱产业都是梧州以前没有的，正是在梧州市政府抢抓机遇、大胆布局下，实现了这几个产业在梧州的"从无到有"。

目前，梧州市产业发展已初步形成"五园八区"的版图，除了再生资源加工园区和再生不锈钢制品园区，还有陶瓷产业园区、电子信息产业园区等，差异发展，各具特色。

数据对比

	梧州	云浮
2011年全市生产总值	735亿元	501.9亿元
2011年全社会固定资产投资	633亿元	363.2亿元
2011年规模以上工业增加值	422.2亿元	183.2亿元

	梧州	云浮
2012年全市生产总值	885亿元	540.45亿元
2012年全社会固定资产投资	855亿元	463.66亿元
2012年规模以上工业增加值	482亿元	138.76亿元

专家视点

云浮东部应纳入珠三角和沿海城市带范围

九三学社云浮支社主委朱正国表示，世界最主要的经济带都是沿海延伸分布的，最著名的如美国东北部大西洋沿岸城市带，长965公里，宽48到160公里。即交通便利、发展条件好、经济核心地带可以延伸到距海160公里范围内的陆地空间，相反，大多数地方，则只能延伸到距海数十公里的范围。

因此，160公里大致可以看作珠三角核心区主要辐射距离，这个范围大致相当于《广东省产业转移区域布局总体规划》中划分出的“五块”中的中部板块，即北部山区区域中与珠三角核心区相邻、交通网络较好、区位及产业优势明显的地区，可以利用贴近珠三角的区位优

梧州要发展，只能走错位发展路线。立足于黄金水道能够运输大宗商品的优势，借着珠三角企业产业转移的“东风”，以及国家鼓励发展循环经济的机遇，深入调研苦思熟虑后，一份缜密的“雁形阵势”产业规划图在2008年明晰起来。

势和交通优势，融入珠三角，发展配套产业，实现中部崛起。

在珠三角核心区外的东、西部沿海，向内陆辐射的距离显然要小一些，一般在数十公里范围内。因此，广东沿海城市带和经济带的范围，也包括其核心区珠三角地区的范围，应该打破行政区界线，如将清远、河源、韶关南部和肇庆、云浮东部纳入珠三角地区和沿海城市带范围。

相反，这些山区的北部和西部，如云浮西部，离珠三角超过200公里，离最近的出海口也有100多公里，难以进入珠三角和沿海经济带的范围，承接产业转移的数量也会相对有限，今后的稳定的发展方面应该是以农业为主，有限的工业在局部地区聚集。

记者观察

政府支持是园区经济发展的催化剂

园区经济是指在一定范围内，通过政府规划、市场等多种因素，集聚资金、人才、技术等多重要素，并将其整合优化，从而形成功能布局合理、结构层次优化、产业特色鲜明的集聚发展区的经济发展模式。

记者调查发现，云浮的经济正处于从传统发展模式向现代发展模式的嬗变中。大部分传统产业存在组织结构不尽合理、生产专业化水平低等问题，大多数企业从原材料采购到产品包装，大部分生产过程都在企业内部完成，“大而全”、“小而全”现象非常普遍。

借鉴梧州市大力发展“园区经济”的经验，“退城进园”成为云浮经济发展一道绕不过的门槛。

比起传统的产业发展模式，园区经济明显地发挥了政府的积极作用。

在从传统向现代的转型中，政府需要有计划地调整产业结构，促进产业的转型升级。

目前国内的经验证明，园区经济的形成和发展是政府与市场共同作用的结果，明确政府的职能在园区发展产业集群中的地位是至关重要的，适度的政府支持是工业园区产业集群发展的催化剂。

（南方日报记者 李秀婷 张婧 陈清浩 实习生 夏候命波 柯祥虎）

广东沿海城市带和经济带的范围，也包括其核心区珠三角地区的范围，应该打破行政区界线，如将清远、河源、韶关南部和肇庆、云浮东部纳入珠三角地区和沿海城市带范围。

乐昌VS宜章
广东“北大门”要与湖南“南大门”错位竞争发展

在韶关本地一家网络论坛里，曾有一幅照片引发热烈讨论。照片拍摄的是107国道湘粤交界段。夜幕下，跨省公路一边一片光明，另一端伸手不见五指。发帖人故意抹去了照片中的省界界碑，让网友猜哪边是湖南，哪边是广东。结果，超过九成网友一看就知道，漆黑一片的公路属广东管辖。

翻开中国地图，如果在广州和长沙之间划一条直线，中点就是郴州。而隶属郴州的宜章，则正好落脚在这条直线的黄金分割点。它的邻居，则是多年来被湖南人视作进入广东“淘金”的北大门——韶关乐昌。

一个是南大门，一个是北大门。一度，宜章是很多湖南人最羡慕的

107国道湘粤交界段（宜章和乐昌）一边路灯亮堂，另一边伸手不见五指。（肖雄　摄）

地方，原因只有一个——离广东最近，离财富最近。而乐昌则被宜章人视作“后花园”，经济发展快、货物齐全，宜章人在乐昌体味着改革开放带来的甜头。

时过境迁，峰回路转。

2012年，宜章生产总值超过130亿元，而乐昌是84亿元。“再不甩开膀子大干一场，我们就真的落后了。”乐昌市委书记李维员一脸严肃地说。

“北大门”成闭塞之地

在乐昌的设想中，广东“北大门”是承接粤港澳辐射内陆的“桥头堡”，但受交通区位制约和重大自然灾害的影响，后发优势未能得到有效凸显。

在乐昌的设想中，广东“北大门”是承接粤港澳辐射内陆的“桥头堡”，但受交通区位制约和重大自然灾害的影响，后发优势未能得到有效凸显。

乐昌粤北化工有限公司董事长李中华是土生土长的湖南郴州人。“说实话，宜章比乐昌发展得要好。”在商言商，李中华坦承，之所以来粤北设厂，是想在广东这个经济和出口大省的化工市场占有一席之地。然而，乐昌与宜章在地图上毗邻，现实中却面临重重阻隔。

李中华给记者算了一笔账：以一车硫酸为例，从乐昌运到珠三角，要绕道韶关市区上高速，每吨运费要多出20—30元。而从乐昌市区出发前往郴州，须取道邻近的乳源，绕一个大弯，花上两个小时左右的车程。“火车快一些，但每天只有两趟。”

与宜章一墙之隔的乐昌坪石镇素有“小香港”之称，占地并不大的镇区人潮涌动。记者注意到，临街旺铺价格已达每平方米4万—5万元，堪比珠三角一线城市。当地人开玩笑说，熙熙攘攘的人群中一半是湖南人，另一半“回溯三代肯定也是湖南人”。

表面的繁华，却掩盖不了乐昌市委常委、坪石镇委书记欧阳晓冬的忧虑：作为原来广货北上的必经之地，坪石原是著名的物流集散地。但随着交通逐渐便利，原有引以为豪的优势不值一提。

2012年，他曾带领镇党政干部到湖南宜章和汝城考察。出发时欢声笑语，一路上渐渐沉默，最后所有人都有些沮丧，“原以为做得不错的东西，其实是落后了”。

武广高铁修建时，曾寄望迈入“高铁时代”的乐昌反而被边缘化了。

2009年12月26日，武广高铁开通运营。直到这时，不少为高铁而搬迁、移居的乐昌老百姓才确信，自己家门口并未设高铁站。他们要想乘坐高铁，需要到100多公里外的郴州或韶关。

有一段时间，56岁的乐昌市民吴利军经常骑车到高铁沿线，远远凝视、发呆。他的相机记录了不少高铁飞驰而过的瞬间，“错过了这个机会，乐昌又被甩在了后面”。

经过一番“艰苦卓绝”的努力，乐昌终于赶上了末班车。

2012年8月24日，乐昌市人民政府与武广铁路客运专线公司举行武广客运专线乐昌东站建设项目签约仪式，这标志着武广高铁乐昌东站建设工作正式启动，车站计划在2015年正式启用。

喜悦背后的苦楚只有乐昌人自己知道——由于是后期建站，铁道部不再像建设其他站点一样负担一半经费，建站资金全部由乐昌自行筹集。

“乐昌就是砸锅卖铁，也要将建设资金筹集到位。”李维员说。

同样被甩在后面的，还有东莞东坑（乐昌）产业转移工业园。这个距高铁不足2公里的省级产业转移园区原本也希望借高铁的便利，吸引大量珠三角企业转移至此落户。然而，事与愿违。2010年广东全省产业转移和劳动力转移目标责任考核中，这家产业转移工业园因基础设施建设及招商引资不力被黄牌警告，成为全省三家被警告园区之一。

“来考察的人不少，落户的却不多。”工业园管委会副主任丁振华表示。比起邻近的竞争对手，乐昌在用地指标、征地成本等方面没有优惠，园区还存在着交通不便利、基础设施不完备等短板。

记者注意到，园区建立虽已逾4年，但一份宣传材料

比起邻近的竞争对手，乐昌在用地指标、征地成本等方面没有优惠，园区还存在着交通不便利、基础设施不完备等短板。

武广高铁乐昌东站的建设将带动东莞东坑（乐昌）产业转移工业园的发展。（肖雄 摄）

总部位于广东中山的欣金昌鞋业，2010年将分厂建在了宜章经济开发区。（肖雄　摄）

显示，园区自来水加压站、管道天然气项目仍“正在加紧建设”。在园区立体展示沙盘中，“此处为高铁站”的标示牌格外醒目。“我们寄希望于高速和高铁。”乐昌开发区管委会主任黎海华坦承。

武广高铁乐昌东站“转正”之后，情况有所好转。当地的数据称，2012年，园区招商引资成果显著，引进20个项目计划投资超过27亿元。全年园区工业增加值4.7亿元，同比增长118%。投资商主要看好的就是高铁出行方便，并且守时。“最为关键的是，工业园距乐昌高铁站仅‘一步之遥’。”黎海华说。

“少年”与“中年”的比拼

乐昌一位干部开玩笑称，乐昌是努力寻找人生第二春的中年人，而宜章是正在享受第一春的青少年，幸福度无法相比。

驻守湘南，与广东毗邻，郴州一直是湖南人心目中的“富庶之地”，最南端的宜章更是如此。纵观改革开放以来的发展路径，宜章在经济上一直都想冲破行政区划的束缚，担当粤湘合作的“二传手”，努力与珠三角融为一体。

宜章对融入“泛珠三角”经济圈的思考始于20世纪80年代。当时，不少人可能对改革开放尚无清晰概念，但开放意识强烈的宜章人就在思索如何突破行政区域的限制，面朝南粤，崛起湘南。

“以前没什么大企业，这几年抓住了机遇。”宜章经信局副局长陈传友透露，所谓机遇，除了与央企省企对接，就是指敞开怀抱、想尽办法接纳从广东转出的企业。

以宜章经济开发区为例，目前入驻的20多家企业中97%都来自广东。

2009年，总部位于深圳的富士电梯落户宜章，建立了富士电梯（郴州）生产基地项目，该厂厂长郭达全表示，宜章地处湖南，紧靠广东，既是湖南重点支持发展的区域，又可辐射南部及东南部地区，优势明显。

“政府找上门服务，工人找上门求职。”2012年3月，总部位于东莞的新洲印刷厂落户宜章产业承接园，曾一度遭遇招工难。工厂负责人麦志瑞回忆，县人社局得知情况后，组织人员到15个乡镇发放招工广告3000余

乐昌一位干部开玩笑称，乐昌是努力寻找人生第二春的中年人，而宜章是正在享受第一春的青少年，幸福度无法相比。

份，举办专场招聘会，短短一周就为企业招工116人。

由于成绩突出，宜章经济开发区被授予湖南省承接产业转移加工贸易特色园区、最佳服务环境产业园称号。

有一个细节让乐昌干部印象深刻：宜章开发区管委会每一间办公室门上都贴有工作人员的手机号，即使工作人员外出办公，园区企业都能随时随地“点对点”寻求帮助。

宜章经济开发区管委会主任李桥亮介绍，2008年，宜章被湖南省委、省政府列为全省首批承接产业转移发展加工贸易试点县。第二年，湖南省委、省政府赋予郴州承接产业转移先行先试34条优惠政策，明确省国土资源厅、省交通运输厅对口帮扶宜章经济开发区，“这是我们的尚方宝剑”。

而宜章“软环境”也为甩开膀子大干一场做了充足准备。

从2011年开始，宜章开展了“建设新郴州，宜章怎么办？发展新宜章，我们怎么干？”解放思想大讨论活动，围绕“学习不深、思路不清、机制不活、作风不实”真谈问题、谈真问题。讨论中，“将学习力转化为产业转移承接力”逐渐成为共识。

李桥亮说，一个欠发达地区，要实现较快超越发展，必须依靠产业承接和项目建设，宜章本着先行先试必须先学先知的理念，以提升“学习力”来拉动产业转移“承接力”。

关键在于人的观念

面对骨干教师、医生甚至公务员的流失，乐昌人意识到：不发展，便利的交通就是把人才往外送的快捷通道。

“政策上我们或许没有优势，但没有优势的不止是乐昌，关键问题在于人。”在多次全市会议上，李维员都提到了“解放思想”、“更新观念”，他说：“区域经济发展竞争如同逆水行舟，不进则退，甚至慢进也是退。”

2013年年底，被乐昌人视作“甘霖”的广乐高速有望通车。但李维员却不止一次泼冷水警告：“不要以为有了高速和高铁就有了一切，这是一把双刃剑！”

他告诉记者，到乐昌任职一年，走了50多人，不少人才流向其他市、区，还有的“孔雀北飞”，落地湖南。

“我们的观念很穷。”乐昌市委常委、纪委书记莫剑峰从韶关到乐昌任职后，很快有一个感受，这里官不富民也不富，而干部思想相对保守，机关作风严重。

他说，干部缺乏创新精神，工作按部就班现象严重。

2012年4月，一位外地老板想投资乐昌沿溪山开发旅游项目，多个政府部门派员现场办公，达成初步合作意向。然而，上级部门后来否定了该项目。但由于乐昌政府部门之间相互推诿，这消息四五个月后才传到老板耳中，此时，他已经前期投入了上百万元。

让人急在心里的还远远不止这些。

李维员坦承，尽管是一个县级市，但却时常政令不畅、执行力不强。

采访中，乐昌干部普遍提到，当地干部缺乏交流，

一个欠发达地区，要实现较快超越发展，必须依靠产业承接和项目建设，宜章本着先行先试必须先学先知的理念，以提升“学习力”来拉动产业转移“承接力”。

面对骨干教师、医生甚至公务员的流失，乐昌人意识到：不发展，便利的交通就是把人才往外送的快捷通道。

老化严重。

“最富和最穷的地方都在广东，再不解放思想，我们就要被当作‘穷广东’的典型！”乐昌人口和计生局局长谢炳汉在基层做了10多年的镇党委书记，根据他的初步调查，相同岗位，宜章任职干部平均年龄要比乐昌小5—10岁，有的甚至超过10岁，“乐昌太多‘天花板干部’，看不到奔头，干好干坏都一样”。

“发展越慢，越难出干部；干部积压得越多，发展更难快上去。”当地干部称，乐昌似乎进入了一个非良性循环。

专家视点

人，才是乐昌发展最大的制约

韶关学院经济管理学院院长、教授肖华茂是湖南人，2011年10月到韶关工作。到粤北时间不长，但对于湘南和粤北地区的发展却有切身的体会。

在她看来，乐昌具备生态环境优良、交通发达等发展优势，但与广东周边城市比较而言，它目前的发展“较弱、较慢”。

肖华茂并不认为交通是乐昌发展的局限。虽然乐昌高铁站到2015年才能正式启动，但“作为一个县级城市，能够有高铁已经非常不错。这在全国范围内都是少见的。加上乐昌与已有高铁开通的韶关市很近，交通对于乐昌不是关键问题”。

“人，才是乐昌甚至整个粤北地区发展的最大劣势。”肖华茂表示，人，主要涵盖两方面，一是适应产业专业的高端人才缺失，二是当地政府干部缺乏创新、办事效率低下。

牵一发而动全身。“人”的问题，直接影响到项目引进、城市整体经济发展的问题。要破除“人才”这一短板，肖华茂表示，粤北欠发达地区更应重视人才引进与培育，打造高科技人才，以项目连带人才引进。“项目进来了，人自然就进来了。”

人才和项目的引进都需要政策的支撑，具体包括土地规划、税收减免、多建产业园、简化相关手续、改善提升人才待遇等。肖华茂认为，政策在乐昌落地有“因地制宜”而非与珠三角其他城市“一刀切”的可能。“相比珠三角地区，乐昌的地价还比较便宜，可适当增加产业园数量。税收上，也可给予适当优惠。做到要先允许项目进来，再通过税收减免等政策培植它的植根性。在对待人才方面，面对人才多往珠三角方向转移的困境，乐昌应提高人才待遇。除工资外，还应做好相关配套措施，如利用当地相对较低的地价解决职工及其配偶住房问题。”

肖华茂坦言：“2011年后韶关市开始重视高端人才引进，但力度还远远不够。2013年我去省里开人大会议，并没有发现预算中哪项与粤北地区人才引进有关。”

牵一发而动全身。“人”的问题，直接影响到项目引进、城市整体经济发展的问题。要破除“人才”这一短板，粤北欠发达地区更应重视人才引进与培育，打造高科技人才，以项目连带人才引进。“项目进来了，人自然就进来了。”

记者观察

做强北大门经济　打造新乐昌引擎

纵观历史，扼交通要道、区域接壤之地，往往承载着丰富的物流和人流，发展也总会快人一步。这正是乐昌曾经的真实写照。“北大门”优势并未随时间推移而消失，但在新时期需要有新的区域发展观。

作为广东未来发展的重要政策指导性文件，《广东省主体功能区规划》明确指出，韶关城镇集中区是广东省未来社会经济发展的新引擎之一。而在广东决策层力图构建“三大网络、三大系统”为主体的综合交通战役略格局中，韶关被定位为区域性综合交通枢纽城市，并强调要加快韶关与湖南跨省通道的建设。这些，都是粤北地区在新一轮发展中迎头赶上的“法宝”。

一方面，项目是促进一个地方经济社会发展的强大动力。以乐昌为例，资源、环境承载力强，是产业转移就近承接地和珠三角对外辐射的重要门户。要依托资源优势，积极承接珠三角及国内外产业转移，完善城区服务功能，用好的项目来“引智”，留住人才，增强地区聚集人口的能力；也要用好的项目让山区干部真刀真枪得到锻炼，带动山区经济社会发展。

另一方面，与“竞争对手”相比，乐昌有自己的核心竞争力：森林覆盖率达69.5%，是广东省林业生态县（市）之一；水力资源理论蕴藏量34.8万千瓦，矿产资源和农业资源极为丰富……“硬碰硬”不如刚柔相济，乐昌应与宜章形成产业上的错位发展、竞争发展、互补发展。

现阶段，乐昌需要以更大的区域观谋发展：既整合湖南的资源，与对手“错峰发展”；又无缝对接珠三角和港澳地区，充分发挥主场优势。随着高铁等交通基础设施的进一步完善，在广东新一轮促进区域协调发展中，有理由相信，广东“北大门”重振蓄势待发。

（南方日报记者　徐滔　实习生　李婷婷）

饶平VS诏安
“省尾国角”竞合对粤“桥头堡”

广东潮州市饶平县属中央苏区县，南濒南海，东临福建，中部和北部为山区，一直以来被当地人称为“省尾国角”。由于特殊的地理位置，饶平的工业发展基础薄弱，社会治安欠佳。

与此同时，同为欠发达山区的福建漳州市诏安县，与饶平毗邻，近年来经济发展突飞猛进，已经由十年前的远远落后，变为步步紧逼并试图追赶饶平。

“诏安这几年发展的势头很猛，越来越多的潮商跑去诏安投资建厂，而饶平的发展相对缓慢，这让我们感到着急。”饶平当地一名干部如是说。饶平已深刻感受到来自汕头、揭阳以及潮州其他县区的经济发展带来的压力，而诏安的快速崛起，更是给他们敲了一记警钟，如果不抓住历史性机遇爬坡越坎，很可能就会被甩下。

饶平已深刻感受到来自汕头、揭阳以及潮州其他县区的经济发展带来的压力，而诏安的快速崛起，更是给他们敲了一记警钟，如果不抓住历史性机遇爬坡越坎，很可能就会被甩下。

“省尾国角”的现实与尴尬

发展现状

这边是广东的东大门，那边是福建的南大门。一个不争的事实是，越来越多的广东企业，特别是潮汕的一些企业，宁愿绕过饶平，选择在诏安投资建厂。

“因为诏安能够提供更为优惠的招商政策。”一位汕头籍的潮商坦言，一亩土地的出让价格，在诏安要便宜很多。

据统计，2012年饶平全县实现地区生产总值超170亿元，诏安比饶平少了近40亿元。但由于诏安县人口比饶平少30多万，仔细算下来，诏安的农民年人均纯收入比饶平还高出近2000元。

面对诏安迅猛的发展势头，饶平怎么应对？既要让人民安居乐业，又

饶平对被称为亚洲最大的“海上牧场”柘林湾海域进行生态修复，进行深水网箱养殖圆了沿岸渔民多年的“净海梦”。（肖雄　摄）

要大力发展经济，如何平衡两者之间的关系？如何破解这一系列难题，成为饶平县发展的当务之急。

错失发展时机

“饶永不瘠，平永不乱。”这是《饶平县志》关于饶平地名的解释，寓意着这里永远不会有贫穷和战乱。

这座被北回归线穿过的县城矗立在闽粤边陲，它距汕头市区54公里，距台湾高雄市184海里，距香港198海里，有着533平方公里的海域面积，是粤东地区地域最广的县。

得知南方日报记者前来采访饶平的经济发展问题，正在潮州市开会的饶平县委书记马儒生连夜赶回。“关于饶平的发展，我有很多话想说。”马儒生面对记者侃侃而谈，从饶平的历史到现状，一一道来。

在马儒生看来，饶平的发展没有赶上好时候，反而走了“偏门”。

“在改革开放之前，这里曾是对台的战略前沿，所以工业发展受到很大的限制。当地只能发展农业，当时饶平的农业基础非常好，曾一度位列全省前茅。”

改革开放以后，许多台商看准内地沿海的发展机会，想到广东来投资。“台商来到这里后，才发现这里的港口不对外开放，增加了企业的运输成本，饶平最多的时候有200多家台企，如今剩下不到20家。”马儒生

“在改革开放之前，这里曾是对台的战略前沿，所以工业发展受到很大的限制。当地只能发展农业，当时饶平的农业基础非常好，曾一度位列全省前茅。”

说，仅靠劳动力来支撑产业发展，无法发挥区位优势，台商也逐渐离开了饶平。

20世纪90年代末到本世纪初，饶平走私贸易猖獗，经常有不法分子从台湾走私香烟、光碟、肉制品、成品油等物资。“走私助长了一个地方黑恶势力的滋生和价值观的扭曲，同时影响了当地实体经济的发展。所以，饶平的区域发展受到很大的限制。”谈到饶平的“偏门”产业链，马儒生深恶痛绝。

由于工业基础薄弱，在饶平发展的企业，无论是生产成本还是运输成本，都没有竞争力。马儒生给记者算了一笔账：一吨货柜从饶平出港，比从深圳出港大概贵2500元，如果一家企业每个月有20吨出口货柜从饶平出港，那么它的运输成本就要增加5万元。“精明的老板是不会吃这个亏的。”

要利用好区位优势

马儒生上任之后，也注意到毗邻的诏安县近几年的迅猛发展。2012年6月，马儒生带领全县主要党政干部，来到诏安县进行考察交流。饶平县三饶镇委书记李耀先也是随行的一员，在参观了诏安的工业园区后，他感触颇深。

“诏安的发展之前一直都不如我们，但考察诏安后我们发现，按照目前的速度发展下去，5到10年的时间，我们肯定会落后诏安。”

李耀先给记者举了一个例子：当时安排考察时，诏安方面带他们参观了当地工业园的两家企业。在去到其中一家企业时，饶平县钱东镇委书记黄四标迟迟不愿进去参观。李耀先问他为何不进去，他说“怕见到老

广东"东大门"饶平和福建"南大门"诏安边界。（肖雄　摄）

板"。后来得知，这家公司总部在汕头，两年前曾经来饶平考察选址，打算投资建厂，最终选在钱东镇，但是由于审批用地成本太高，该公司最终转移到了诏安。

"饶平有这么好的区位条件，如果发展被诏安超过，我们口服心不服。"李耀先说道。

诏安距离饶平只有20公里，拥有同样的区位条件优势，从经济发展远落后于饶平，到如今不断向其逼近，诏安追赶的时间用了不到10年。

诏安剑指海西对粤"桥头堡"

步步紧逼

在闽粤两省之间的行政区域界线上，共有4个市、10个县接壤，全长401.1公里。诏安距离饶平只有20公里，拥有同样的区位条件优势，从经济发展远落后于饶平，到如今不断向其逼近，诏安追赶的时间用了不到10年。

在2006年的全国"两会"期间，"支持海峡西岸经济发展"出现在当年的《政府工作报告》和"十一五"规划纲要中。报告称，计划通过10—15年的努力，在海峡西岸形成规模产业群、港口群、城市群，成为中国经济发展的发达区域，成为服务祖国统一大业的前沿平台。

2009年5月，国务院发布《关于支持福建省加快建设海峡西岸经济区的若干意见》。海西经济区以福建为主体，涵盖浙江、广东、江西3省的部分地区，广东的梅州、潮州、汕头、揭阳也包含在内。

诏安县委书记张镇城介绍，“边界经济”是诏安的一大县域特色，目前，诏安县在广东设有办事和招商机构20多个，入驻工业项目60％以上来自广东潮汕、珠三角等地区，是漳州对接珠三角产业转移的重要基地，“要着力把诏安打造成漳州乃至福建对接珠三角产业转移的重要基地、福建最大的海洋生物产业基地和闽粤边界文化与生态工贸大县”。

优惠政策吸引企业

来自汕头澄海区的陈群煌，两年前把自己的公司从汕头整体搬到了诏安。陈群煌是做婴童用品的，为了进一步扩大生产，他四处寻找更合适的地方。2010年上半年，陈群煌把目标锁定在诏安工业园区。当地一系列的优惠政策和“五星级”的一站式服务，让陈群煌动了心。

优惠政策吸引一些广东企业搬到诏安工业园区。（肖雄　摄）

2010年年底，陈群煌与诏安工业园区签署入园协议，他把公司整体从广东搬迁到了福建。“连商标都要重新注册，当时工商部门还没有遇到过这种跨省搬迁的情况，一时不知道要怎么做。”

陈群煌介绍，在汕头澄海，工业用地的价格成本很高，而到了诏安，企业则可以享受“海西”、“沿海开发县”、“原中央苏区县”以及省级工业园的优惠政策。

在汕头澄海，工业用地的价格成本很高，而到了诏安，企业则可以享受“海西”、“沿海开发县”、“原中央苏区县”以及省级工业园的优惠政策。

在商言商，陈群煌坦陈，如果不是极为优惠的土地出让价格的吸引，他也不会贸然把自己的公司整体搬迁到福建。

“其实诏安这边相关配套没有完善好，比如说产业链、物流都没有配套好。我们企业生产所需要的塑胶、机械、五金配件，这边都没有。有时候买一颗螺丝还要回去广东买，物流成本也相对高一些，不过总体来说还是划算的。”

陈群煌的公司搬到诏安后，也起到了连锁带动效应。目前在诏安工业园区的婴童用品生产企业，80%以上来自汕头地区。

接受厦门汕头两特区辐射

在诏安海洋生物产业园内，坐落着另一家来自汕头的企业：润科生物工程（福建）有限公司，母公司是广东汕头润科生物工程有限公司，润科在诏安的发展壮大为当地发展海洋生物产业带来了动力。

从引进一家企业到形成产业化，从一片荒地到建成海洋生物产业园，仅用了4年时间。2012年年底，诏安海洋生物产业园被国家海洋局认定为“国家科技兴海产业示范基地”，成为全国四个海洋经济试点省中唯一一个拥有“国字号”品牌的园区。

“产业园成立之初就得到各级关注，省、市、县纷纷给予政策、资金等方面的支持。”金都工业集中区管委会主任黄绍洪说，产业园成立以来，已累计投入5亿多元用于园区开发建设。

截至目前，集中区已累计引进项目37个，总投资约78.5亿元。“我们力争用5—8年时间，把产业园打造成为我国海洋经济区域创新发展的示范平台、对接台湾产业技术转移的重要载体、福建海峡蓝色经济试验区建设先行先试的排头兵，实现年产值500亿元，年税收30亿元。”

张镇城说，诏安拥有的273平方公里的海域面积和88公里的海岸线，毗邻台湾浅滩渔场，海洋生物资源非常丰富。同时诏安又地处闽粤交界处，能接受汕头和厦门两个经济特区的辐射，发展海洋生物产业有着区位、生态、原料、技术等方面的先天优势。

建设粤东大门　苏区大港

出路在哪

一名饶平的干部2012年在考察完诏安工业园区后，感慨地说：“同为省际大门，饶平是‘省尾国角’，诏安却立志打造海西经济区对接珠三角的‘桥头堡’！”

"我们必须敢于正视和直面饶平落后的根源和症结。如今，饶平正处于发展的拐点，尽管存在一些问题，但仍不乏大有可为的空间。关键是要解放思想、更新观念，依托大项目强县、民营经济富民，从政策争取和利用、城市规划、环境建设、基础设施等方面打牢基础，创造条件。"在2013年的县委全会上，饶平县委书记马儒生提出"建设粤东大门、苏区大港、美丽乡村、幸福家园"的目标。

饶平正处于发展的拐点，尽管存在一些问题，但仍不乏大有可为的空间。关键是要解放思想、更新观念，依托大项目强县、民营经济富民，从政策争取和利用、城市规划、环境建设、基础设施等方面打牢基础，创造条件。

2012年是饶平的环境整治年。马儒生告诉南方日报记者，决定一个地方发展的关键，是综合环境与文明程度。过去几年，随着经济社会的发展，经贸往来的日趋繁荣，流动人口也日益增多，饶平出现了不同程度的社会突出问题，成为困扰当地经济社会健康可持续发展的顽疾。

如，黄冈镇曾被扣以"省打假警示区域"的帽子，经过一年的治理，制售假卷烟产业链和物资运输动脉被斩断，非法开采稀土和盗采河砂等违法行为已被全面杜绝。

经过一段时间的集中整治，无论从当地的治安还是生态环境，都得到了极大的改善。饶平对被称为亚洲最大"海上牧场"的柘林湾海域进行生态修复，圆了沿岸渔民多年的"净海梦"。

当前，饶平基本形成北部以陶瓷产业为主，中部以茶果、种养农业为主，沿海以港口经济、水族机电、水产品加工等工业为主的区域经济发展格局。

在港区，首期装机320万千瓦的大唐电厂已建成投产，亚太通用码头建成可停靠10万吨级巨轮泊位，即将上马建造30万吨级的新泊位。随着一批大项目在港区的先后落户，未来几年会有数百亿元资金投入到这片港湾的沿岸，饶平将迎来临海经济发展的黄金期。

马儒生认为，饶平想要实现跨越发展，除了对传统的民营经济进行转型升级，更重要的是要有“港口经济发展战略”。“饶平乃至潮州的真正的潜力和后劲，应该是在发展港口经济上。”

林吉從是潮州市亚太港口有限公司的总经理，他认为，饶平的港口建设将会为闽西、粤东、赣南等地提供一个大型的水陆相连的物流平台。

“港为城用，城为港兴。”林吉從说，“我们企业迫切希望通往亚太港口的铁路能够早日建成。”林吉從建议，由于当地政府财政能力有限，可以由多方出资来共同修建铁路。

饶平将2013年定位为交通、水利、园区建设“三大会战”年，拉开了各项基础设施建设的大幕。马儒生认为，饶平要大发展，必须在对接和改造上做文章，尽快完善交通路网，改善区位交通条件，为饶平的发展营造良好的“硬环境”。

“饶平这几年发展总体上仍处于密集投入、夯实基础的阶段。我们绝不能急功近利做表面文章，更应多打基础、管长远、增后劲，哪怕困难再多，压力再大，也要沉得住气，甚至要丢得起‘出不了GDP’的面子，坚决不搞没有效益、劳民伤财的项目和工程。”

马儒生说：“相信经过未来几年的积极努力，一个生机勃勃、乡风文明、产业夯实、后劲十足的原中央苏区县，将矗立于闽粤边界。”

专家视点

饶平亟需确立“粤东大门”定位

由于地理位置影响，饶平长期受到冷落。省社科院竞争力研究中心主任丁力教授提出“粤东大门”的定位，饶平可以作为粤东地区的门户地区，借此定位为开发柘林港争取空间，也可以作为整个广东的东大门，对接海峡两岸经济发展，更好融入海西经济区。

丁力认为，确立门户的地位很重要，饶平不仅需要通过美化代表广东、代表粤东，同时需要通过门户城市争取上级政府的支持与重视。“大门”是一个地区的脸面，因此，通过综合整治，重铸饶平对外新形象显得十分必要。

确立门户的地位很重要，饶平不仅需要通过美化代表广东、代表粤东，同时需要通过门户城市争取上级政府的支持与重视。

对于一些广东企业转移到诏安的状况，丁力认为，广东应该引起高度重视，特别是粤东地区，它本身“贫血”比较厉害，造血功能不强，如果企业、资金、人才都流到福建去，那就会引发恶性循环。海峡西岸经济发展区是属于国家战略，既然中央把潮汕地区划进海西经济区，省里应主动向中央争取相关的政策优惠。

饶平属于粤闽边界的红色老区，有很好的港口资源，当前缺少的是经济腹地与上级政府支持。丁力建议，可通过苏区概念，将饶平与梅州的梅县、大埔等捆绑起来，并且形成真正的利益联合体，使饶平成为这些内陆地区的共同出海口，最终通过联合体名义争取上级的大力支持，特别是在基础设施建设上有较大投入，从而有效解决饶平沿海不开放的发展困境。

记者观察

错位发展方能优势互补

如何用好海西经济区的优惠政策，加快自身经济发展，是饶平乃至整个粤东地区值得思考的问题。

一方面，2006年《关于促进粤东地区加快经济社会发展的若干意见》出台以来，粤东地区发展环境逐步优化。泛珠三角、环珠三角合作不断加深，海峡西岸经济区建设积极推进，两岸关系出现积极变化，粤东地区区位优势将进一步凸显，广东在产业布局、重点项目、基础设施建设等方面对粤东地区的扶持力度不断加大，使得粤东地区在新起点上实现新一轮大发展具备更为有利的条件。

但另一方面，粤东地区经济社会发展仍然面临较为严峻的挑战。以诏安和饶平为例，区域间承接产业转移的竞争会更加激烈；粤东地区产业发展和技术创新的人才支撑严重不足，人口资源环境压力较大，产业转型升级、经济结构调整、社会事业发展、统筹城乡和区域协调发展的任务繁重。

因此，加快粤东地区经济社会发展，加强统筹规划、政策引导和资源整合，有利于形成错位发展、优势互补、互利共赢的发展格局，提升区域整体竞争力。完善沿海地区经济布局，加强粤东地区与闽西南、赣东南区域间合作，积极融入海峡西岸经济区建设，深化对台经贸合作，将有利于强化闽粤赣经济联系，促进三地融合发展，形成东南沿海良性互动、共同发展的新格局。

（南方日报记者　闫昆仑　廖奕文　实习生　郑国明）

新兴VS沛县
后发地区以特色产业谋赶超

一个是孕育了汉高祖刘邦的“千古龙飞地”；一个是诞生了禅宗大师惠能的“六祖故里”。

位于苏北的沛县和位于粤西北的新兴，有着如此多的相似之处。

两者都位于发达省份的边缘地区，都是传统的农业大县，近年来都呈现出加快发展、跨越赶超的态势——2012年，沛县跃居全国县域经济基本竞争力百强县59位；新兴则成为云浮市唯一达到全国平均水平的县，经济总量位列全省山区县第二位。

探寻两地的发展轨迹、特色产业规模化发展的思路不谋而合。从特色养殖业到特色金属加工业再到特色文化产业，相隔千里的新兴与沛县正在共同探索一条后发地区以特色谋赶超的道路。

一个是孕育了汉高祖刘邦的“千古龙飞地”；一个是诞生了禅宗大师惠能的“六祖故里”。

位于苏北的沛县和位于粤西北的新兴，有着如此多的相似之处。

养鸭和养鸡，农业产业化殊途同归

记者在沛县、新兴采访时发现，两地着力于特色产业的培育，各自取得了不俗的成绩。

2012年，沛县农民人均纯收入达到11351元，是2005年的2.5倍。当地官员告诉记者，作为江苏传统的农业大县，沛县选择将特色农业规模化，从而将农民带上了致富之路。

在沛县的农业产业园区，道路两旁的厂房鳞次栉比。其中，肉鸭养殖企业占了绝大多数。据了解，沛县现在有150多家肉鸭加工企业，直接或间接从事肉鸭产业的人数达10万人之多，并初步形成了集种鸭繁育、苗鸭孵化、规模养殖、饲料生产、宰杀分割、羽绒加工于一体的生态肉鸭产业链，年养殖、孵化、加工量都实现了全国第一。

“肉鸭好饲养，养殖周期短，只有四十多天，疫病好防控，食用人群比较广，”沛县农林局局长黄广杰说，“而且产业链比较长，卖一只毛鸭的产值只有18元左右，通过做长产业链条，一共可以卖到70元，比单纯卖毛鸭能增加50元左右的附加值。”

如今，在引进雨润集团、广西桂柳集团农业龙头企业带动农民增收之后，沛县又逐渐培育出了徐州中意食品有限公司等本地的农业龙头企业。产业进一步走向集群化发展。

与沛县一样，新兴也是广东的农业大县之一，并在特色农业产业化上闯出了自己的名堂。著名的温氏集团就在新兴起家，并将其“企业+农户”的经营模式辐射到全国各地，成为全省乃至全国的农业龙头企业。2010年年底，温氏又启动了“养鸡农户效率效益倍增计划”，推动有条件的养鸡农户向“家庭农场”升级，计划用5年时间，使合作养鸡农户的年均收益从2009年的3.5万元提高到7万元以上。

新兴县农业局负责人告诉记者，除了以温氏为代表的“企业+农户”

模式外，新兴还形成了“企业+科研院校”、“基地+农户”、“公司＋超市＋基地（农户）”等多种经营机制，全县已培育年产值100万元以上的农业龙头企业100多家，其中亿元以上的有7家，省级以上农业龙头企业的个数和产值均排在全省前列。据新兴县农业局统计，2012年新兴全县农业产业化组织销售收入达到350多亿元，带动农户7万多户，户均获利3万多元。

新兴和沛县从农业大县到农业强县的转变，折射出农业产业化的趋势；而两地在新型工业化领域的共同经验，则揭示出一个规律：欠发达地区要后来居上，必须有自己的独门“武功”。

金属加工业成为各自“拿手戏”

新兴和沛县从农业大县到农业强县的转变，折射出农业产业化的趋势；而两地在新型工业化领域的共同经

沛县生产的铝箔成品。

VS

新兴的温氏食品特约经销点。

验，则揭示出一个规律：欠发达地区要后来居上，必须有自己的独门“武功”。

“发展县域经济，如果没有自己的特色，没有自己的拿手戏，就谈不上优势。”沛县县委书记冯兴振说。江苏省唯一发展新型铝型材加工产业的特色园区和特色产业基地，正位于沛县境内。

沛县经济开发区招商局局长王勇告诉记者，早在2002年沛县就依托当地丰富的煤电资源，投资建设了江苏省当时唯一的电解铝企业——江苏大屯铝业有限公司，并逐渐吸引周围的铝资源向沛县聚集。

如今，由电解铝起步的沛县铝产业，已经形成了铝棒、铝型材、铝板带、铝箔、铝合金棒、再生铝等多家企业的集聚，并形成上海能源、广东佛山、江阴华西三大百亿元铝加工板块。在大屯铝业公司，1万元1吨的铝锭在园区内加工后，将变成数万元一吨用于包装印刷的铝箔，每吨铝不出

沛县生产的铝箔成品。

沛县，它的附加值就能增加近十倍。

铝产业之于沛县，正如不锈钢产业之于新兴。目前，新兴是中国最大的县级不锈钢餐厨生产和出口基地，不锈钢产业年产值50亿元左右，带动了模具、五金、玻璃制品等配套行业发展。

由于一直走高端路线，新兴的不锈钢餐厨产品过去基本是以ODM或者OEM的代工模式出口到欧美。近年来，随着全球金融危机的持续发酵和生产成本的逐年上升，不少新兴不锈钢企业开始尝试走自主品牌之路。在这一过程中，新兴企业并没有选择“放下身段”，而是坚持高端定位，以“独家产品”打响自主品牌。

在6月举行的广交会上，来自新兴的万事泰集团推出了30多种拥有知识产权或是自主研发的新产品。其中一款“独一无二”的咖啡奶泡机吸引了大批外商的关注。为了研发这款奶泡机，企业联合高校科研力量，对产品细节进行不断优化。“拥有自主创新和设计品牌让企业在市场掌握了定价权，而且利润空间比贴牌生产的产品利润至少高出20%。”万事泰集团常务副总裁刘炳耀对记者说，“奶泡机使企业产值增加了2000多万元。”

如果说新兴与沛县在特色农业、特色工业领域的发展是各有千秋，那么在特色文化产业方面，沛县则有不少做法值得新兴借鉴。

打好文化牌，新兴还需加把劲

如果说新兴与沛县在特色农业、特色工业领域的发展是各有千秋，那么在特色文化产业方面，沛县则有不少做法值得新兴借鉴。

张良路、韩信路、樊哙路……车子刚从沛县老县城驶进新县城，一条条以汉代开国功臣人名命名的路牌便接连映入眼帘。沛县县委宣传部副部长尤志峰告诉记者，早在规划建设沛县新城时，规划者就有意识地在道路命名上彰显汉文化特色，为这座新城打上汉文化印记。

沛县曾出过汉高祖刘邦等名人，被誉为“千古龙飞地，一代帝王乡”。坐拥汉皇刘邦故里这一宝贵的文化资源，沛县在城市建设与文化旅游推广的过程中，巧妙地将汉文化元素融入其中。早在20世纪90年代中期，沛县就开始在县城内建造仿汉建筑，当时建造的集歌风台、汉高祖原庙、汉城公园为一体的汉城景区，如今已成为国家4A级旅游景区，吸引着不少周边地区的游客。

值得一提的是，这些文化旅游景区几乎都不收门票，且都位于县城中心区域。不少景区不仅吸引着外地游客，还成为了本地居民休闲散步的好去处。景区内的汉文化建筑和雕塑，也在潜移默化之中强化着沛县人的归属感和荣誉感。

有了刘邦故里这块“金字招牌”，问题在于如何把它推出去。尤志峰告诉记者，从20世纪90年代中期开始，沛县就开始举办两年一届的刘邦文化节，至今已举办了九届。在文化节上，不少来自世界各地的刘氏宗亲回到沛县祭祖，无形中增强了沛县在海内外的知名度和影响力。

相比沛县，作为六祖故里的新兴，虽然近年来也意识到打好“六祖牌”的重要性，但起步较晚，各种文化基础设施的建设也没有跟上经济发展的步伐。如今走在新兴城区的街道上，有关六祖和禅宗的文化景观仍然比较缺乏。

不过新兴正在加快脚步，2011年8月8日，广东禅文化创意产业园区在新兴揭牌，这是全国首个以禅文化为主题的复合型文化创意产业园区，据产业园管委会透露，目前产业园已成功引进禅泉大酒店、神仙谷旅游、藏佛坑禅文化旅游休闲度假景区、六祖小镇、禅园养生谷等一批重大项目，已投入资金9.1亿元，预计2016年年底前完成配套设施建设项目。

2013年3月，由云浮市政协与中山大学宗教研究所合作成立的"六祖文化中山大学研究中心"也落户新兴，中心负责人、广东禅文化研究会会长冯达文教授表示，希望将新兴打造成为世界级的禅文化研究基地。

从产业基础、生态环境、土地和经济环境等因素来看，新兴县具备明显的后发优势。

专家视点

新兴可把文化产业培育为新增长点

广东的50个山区县中，新兴县总体经济排在前列。从产业基础、生态环境、土地和经济环境等因素来看，新兴县具备明显的后发优势。但新兴目前交通设施未能完全跟上，这是经济发展第一个严重的制约因素。第二个不足是产业层次相对较低，虽然在全省山区县中相对比较发达，排名前列，但是整体的产业层次比较低。从整体上看，新兴县目前的产业基本都属于劳动力密集型产业，利润小、风险大、原材料简单。第三个不足是投资动力不足，对外来投资吸引力不够，投资环境有待进一步完善。

针对上述实际情况，我建议新兴下一步要“发挥优势，克服不足，开创新的增长点”。

发挥优势，就是现有的优势要继续保持。第一是鼓励、扶持现有企业加快发展，引导企业走多样化经营道路，提高档次，打响品牌，延伸产业链。第二要继续发挥旅游、文化、生态环境的优势，吸引更多的游客前来观光、旅游、消费，扩大影响力。同时，加大招商引资的力度，扩大企业的生产规模、投资力度。

克服不足，进一步改善投资环境，在交通状况完全改善前，提前做好整体规划，谋划好整个区域该怎么做、如何做。同时，改善服务环境，办事程序、城镇面貌等因素对招商引资的影响也很大。

此外，可以培育新的经济增长点，围绕珠三角地区的产业转移，有选择性地培育信息化应用、文化产业等非劳动密集型的产业，特别是文化产业，要依托六祖文化，拓宽盘活“广东禅文化创意产业园”。

（中山大学地理科学与规划学院副院长周春山）

记者观察

有特色就会有发展

在江苏沛县采访的过程中，本地官员不止一次对记者提到“特色”两字。在他们看来，沛县之所以能在短短七年时间内，从一个经济落后的小县城步入全国百强县前列，靠的正是发展特色产业这把“金钥匙”。沛县县委书记冯兴振就曾表示："县域经济的本质是特色经济，特色是县域发展的生命，产业是县域经济的筋骨。近年来支撑沛县经济快速增长的重要动力在于特色产业的崛起壮大。"

在七年的发展历程中，沛县成功地通过扬长避短，发展优势特色产业，实现了一个落后县城的华丽转身，这对新兴来说也是一个极佳的示范案例。新兴与沛县的区位条件和产业结构较为相似：两者都位于发达省份的边缘地区，金属制造业和农业都是当地的重要经济支柱，沛县主打汉文化，新兴则有禅文化的招牌。然而，在认清自身发展现状，从而找准适合本地发展的特色产业方面，沛县有许多经验值得新兴借鉴。

新兴与沛县的区位条件和产业结构较为相似：两者都位于发达省份的边缘地区，金属制造业和农业都是当地的重要经济支柱，沛县主打汉文化，新兴则有禅文化的招牌。

值得一提的是，作为江苏省最后一个通高速公路的县，沛县并没有消极等待高速公路建成，而是积极性突破发展困局，利用自身的资源优势，向外面更广阔的市场寻求机会。等到2010年高速终于通车时，沛县的特色产业已经颇具规模，而高速公路对其的作用更是如虎添翼。目前，仍未通高速公路的新兴，亦应该仿效沛县的做法和学习其精神，发挥自身比较优势，发展本地特色产业，以充足的干劲迎接高速公路贯通那一天的到来。

（南方日报记者　范琛　袁丁　陈清浩）

南澳VS东山
国际生态旅游岛的美与忧

在粤闽行政交界线上的10个接壤县中，广东省南澳岛和福建省东山岛水域相连，互为犄角共同构成了粤东闽南的沿海门户。

这是一对命运多舛的兄弟，它们曾经历过同样的经济狂热，也曾在陷入低谷之后展开过漫长的摸索。如今又不约而同地找到了以海洋为主题的战略发展目标：海洋经济强县和国际生态旅游海岛。历经一番波折之后，两地的发展形势已呈现出了明显差异。仅在旅游、水产加工两大支柱产业的投入和产出上，东山就已将南澳远远地抛在身后。

被列为广东省“假日观光新亮点”的南澳岛风力发电场。（肖雄　摄）

回望这段历史，后发而领先机的东山可以给南澳怎样的启示？在迈向国际生态旅游海岛的漫漫征途上，两个海上邻居又各自经历了怎样的美丽与忧愁？

双城对比

天晴的时候，站在东山岛最南端的宫前村往西南方向远眺，南澳岛尽收眼底。宫前村，因村内圣母山下的天后宫而得名，史载为清初施琅出师收复台湾时的出兵之地。

10多年前，这里还只是一个集体负债44万元、人均收入不足800元的落后渔村，如今村集体固定资产逾亿元，渔民的人均纯收入则超万元。曾经一贫如洗的渔村，摇身一变成了东山岛内重要的水产养殖加工集散地。村内大大小小的水产加工企业多达200余家，仅从数量上看甚至超过了整个汕头市。

从宫前村驱车北行，经县城西埔再往东几分钟，便可抵达马銮湾景区。月牙形的海湾内，沙滩绵长，树木荫翳，各种休闲、健身、美食和文化等特色旅游项目林立。东山县委宣传部原副部长黄石鳞说，在东山岛东南沿线，像马銮湾这样的海湾景区已有7个。

然而，在不少南澳人眼中，20海里外的邻居应该还过着与自己差不多的日子。“东山岛不缺水吗？”云澳镇茗园村村民老胡一脸疑问地问。至4月月初，南澳岛内又一

2004年，南澳被评为国家4A级景区，正着手准备在旅游开发上大展手脚，东山则仍在为打造“生态港口旅游城市”还是“生态旅游港口城市”的问题上摸索徘徊，但“短短几年，东山旅游仅在基础设施配套上就已经让南澳望尘莫及”。

次三个多月未降雨，水田龟裂，秧苗迟迟不能下种。

“东山那边的公路狭窄蜿蜒，岛内旅游景点单一且缺少配套。”南澳县旅游局局长黄文斌也曾保留着7年前东山岛给他留下的最初印象，直至2012年一份来自南澳县政协的考察报告才让他重新认识了这个近邻。2004年，南澳被评为国家4A级景区，正着手准备在旅游开发上大展手脚，东山则仍在为打造“生态港口旅游城市”还是“生态旅游港口城市”的问题上摸索徘徊，但“短短几年，东山旅游仅在基础设施配套上就已经让南澳望尘莫及”。

许多南澳人并不知道，南澳与东山的差距远非于此。官方统计数据显示，2012年，南澳全县生产总值12.08亿元，约为东山的1/10，相比于7年前的1/6，两地差距进一步拉大。

过去几年，相对于略显沉寂的南澳而言，东山表现出惊人的崛起力量。“十一五”以来，GDP一直保持两位数增幅，税收、固定资产投资等多项主要经济指标年均增幅甚至保持在30%以上，其中第二产业的税收贡献连续多年保持40%的增幅。繁荣景象背后，让全体东山人津津乐道的是，岛内已经基本形成了水产加工、光伏玻璃和滨海旅游三大海洋主导产业。

东山经验：培育主导产业先行崛起

但很少有人知道，东山走到这一步殊为不易。曾几何时，东山的发展也曾举步维艰。改革之初，东山依靠芦笋一度闻名海峡两岸，后来遭遇品种退化和病虫害等问题，整个产业一蹶不振。进入20世纪90年代，投资热传入岛内，但政府历经千辛万苦才引入的百亿元新城项目，最终却沦为岛内最豪华的烂尾工程。

直至进入新世纪，从狂热中冷静下来的东山人才终于在水产加工业上重新站稳了脚跟，东山发展也由此掀开了新的一页。统计显示，自2008年以来，东山水产品加工产值年均增幅均在20%以上（其中，2009、2010年两年更是达到了惊人的60%），在全县工业总产值中的比重也一直保持在70%左右。作为支柱产业的水产加工业不仅成为东山走出困境的直接助力，在日益成型的市场环境和良好的政策环境的支持下，进而成为了推动东山全面发展的主要力量。

“东山岛水产加工出口退税一般当月就能完成，最快只要几天，汕头却要三四个月甚至半年。因为退税慢、手续麻烦，影响了企业的资金流动，不少汕头的水

渔民在福建东山渔港卸鱼。（张国俊　摄）

作为支柱产业的水产加工业不仅成为东山走出困境的直接助力，在日益成型的市场环境和良好的政策环境的支持下，进而成为了推动东山全面发展的主要力量。

产加工企业不惜择道东山出口。”汕头水产行业协会会长陈耀广预计，以这种方式出口的水产基本占到了汕头一半以上的产量，“这些水产加工的税收额全部计入了东山财政，汕头企业相当于给东山做了代工”。2011年，东山水产加工年产值超百亿元，出口创汇高达15.3亿美元，居全国县级首位，占全国水产品出口的9%。

南澳困局：基础设施配套亟须完善

从澄海莱芜码头坐过海轮渡，在海上颠簸40余分钟后，方可抵达南澳岛。这条通往南澳的唯一通道，自1992年开通至今已超过了20年。航程期间，一座尚未合龙的跨海大桥横亘眼前。进入4月，又一个汛期悄然而至。建建停停了18年的南澳跨海大桥，通车时间又将再一次延后。

黄石鳞说，东山发展真正提速是在2005年以后。自那时起，岛内开始

建建停停了18年的南澳跨海大桥，至今仍未通车。（肖雄　摄）

大规模推进路网、码头、水电、通信等基础设施建设，新建改建疏港公路、西铜公路、谷文昌大道，建成3000吨级以上码头5个，国家中心渔港1个，最终为东山发展海洋经济奠定了优越的硬件基础。

反而观之，对于铭刻了南澳近20年沉浮记忆的南澳跨海大桥，许多南澳人当下的心情是复杂的，既充满期待又存有顾虑。因为经过了近20年的时代变迁，南澳岛内交通等基础设施配套已经趋于落后。

“不说别的，岛内现在仅一条公路，一旦发生交通事故全岛都会瘫痪。”黄文斌说。他口中提到的那条路，便是1995年就已建成通车的南澳环岛公路，那曾是全体南澳人的骄傲。如今，在东山岛“三纵四横”的路网格局面前，双车道的南澳环岛公路相形见绌。

不只是交通，电力、水源等问题也困扰南澳多年，其中最突出的靠天吃水问题至今仍未完全解决。

事实上，不只是交通，电力、水源等问题也困扰南澳多年，其中最突出的靠天吃水问题至今仍未完全解决。汕头大学海洋生物研究所高级工程师陈伟洲自大学毕业便一直在南澳岛上工作，迄今已经20年。在他的记忆中，背靠海洋天然优势的南澳人也曾尝试过在水产加工业上有所作为，但最终因岛内条件所限未能成功。

近几年，依托于学校设在南澳的海洋生物实验室，他与当地渔民广泛开展产学研合作。虽然在技术环节上实现了不少突破，但始终因为岛内缺乏渠道和市场无法形成大气候。

目标冲刺：打造国际生态旅游海岛

尽管先天条件多有不足后天产业支撑又显薄弱，南澳自新世纪后却坚定了一个方向——国际生态旅游海岛。与此同时，在频频遭遇“缺工短粮”之困后，东山也开始积极谋划主导产业转型，即在推进水产初加工向深加工转化，并积极探索多样化的海洋产业生态的同时，逐步将重心转向了滨海生态旅游。

两个海上邻居又一次向着同一个目标发起冲刺，只是此时的东山却拥有了更为明显的优势。

2009年5月，国务院出台《关于支持福建省加快海峡西岸经济区建设的若干意见》，掀起了海西建设的新高潮。为打造国际旅游海岛，东山岛斥资1800万元，邀请全球87家顶级规划设计单位、院校进行规划，最终确定了以旅游业为主导，新兴产业、临港产业、海洋产业为基石的一套稳定的产业发展体系。黄石鳞说，据不完全统计，当前东山岛内共有10个高端滨海旅游综合体正在或已经动工建设，总投资预计超过120亿元。

这些数字无疑会让黄文斌为之一震。2012年8月，在广东省旅游产业园区竞争性扶持资金的粤东片PK之中，南澳以3分之差惜败于汕尾红海湾。“3分就是3个亿，对于原本就缺钱的南澳来说，这是一次惨痛的失败。”黄文斌说。

因为缺乏强有力的主导产业支撑，南澳年度财政收入直到2011年才首次突破1亿元。“2004年至今，南澳旅游的基础条件与品牌明显不相配套，原因就是投入太少，牌子拿下来后投入一直勉为其难，筹划了多年的沿海观景平台至今也仅修建了几个。”黄文斌说。

“南澳目前主要还是大众旅游，国际旅游的收入微乎其微，国际化从何谈起。我们旅游品牌有、资源也有，这些都是自然的优势，但旅游始终是要往高端发展的。”黄文斌认为，南澳要真正走向国际生态旅游海岛，除了内部自身发力外，外部借力也是必须之举。具体来说，一是有效利用与台湾地缘与人缘优势巧妙地“打台牌”，二是在广东省甚至更高层次上明确南澳的定位。

无论是水产加工业还是旅游业，南澳都应基于自身特有的资源优势有针对性地进行产品精品化，最终在市场中找到属于自己的位置。

听说东山正在朝着这个方向努力，黄文斌准备找个合适的机会去东山岛再实地取一次经。

专家视点

立足南澳特色　将其做强做优

客观来说，南澳和东山并不在同一条起跑线上。仅以土地和交通条件为例，南澳山地占全岛陆地面积九成以上，远高于东山岛的20%。在交通方面，东山早已基本实现了半岛化，而连通南澳与汕头的跨海大桥至今仍未通车。不过，在一段时间内，两地都在不可持续的病态繁荣和随之而至的经济退潮中起起伏伏，掩盖了彼此间的真实差距。但在步入正常的发展通道后，这种客观条件上的差异对产业不同的支撑作用便显现出来。在发展水产加工业上，南澳和东山为什么会出现迥然不同的效果，交通、水电、土地等资源条件就是一个基础影响因子。

就目前来说，南澳必须正视现实的差距，但又不能妄自菲薄。无论是水产加工业还是旅游业，南澳都应基于自身特有的资源优势有针对性地进行产品精品化，最终在市场中找到属于自己的位置。当然，要做到这点，作为引导产业发展的主政者不仅要有眼光，也须摆正心态。特别是在生态旅游上，既要有立足当下的紧迫思维，又要有利于长远发展的战略视野。

（汕头大学海洋生物研究所高级工程师陈伟洲）

记者观察

应从全省视野引导南澳发展

在南澳和东山两地采访期间，当我列出两地多项经济指标的对比数据时，几乎每一个受访者都会惊讶地问："南澳与东山的差距真的有那么大吗？"显然，人们惊讶的并不是南澳与东山之间有差距，而是差距原来已经如此之大。

因此，在我们带着疑问去寻找南澳与东山之间差距形成的原因时，其实更需要回答的问题是，这个差距为什么会越来越大。如此一来，我们既不会无视这两个海岛之间原本就存在的客观差异，还会看到在这种差异背后双方所付出的主观努力。

从这个角度来比照东山之于南澳发展的现实与未来之意义，就不难发现，东山在培育主导产业上的作为远甚于南澳，这不仅体现在东山从自身层面推出信贷、税费等各种扶持举措来强化产业规划与引导，还表现在其一直积极融入并充分利用更高层次的政策条件为产业发展营造良好的制度环境。

东山岛内诸多工程都冠以国字号、省字号，其所能应用的制度和市场空间无形中早已突破了本岛范围，为东山发展有效聚合了多方外来力量。

所以，在南澳的主导产业规划与培育中也应该明确这一思路。南澳不仅是南澳人的南澳，也不仅是汕头的南澳，它是广东唯一的海岛县，应该更多地从全省视野来对其进行规划和引导。在采访中，南澳旅游局局长黄文斌的一句话令我印象深刻："南澳要发展，首先得让大家看到南澳。"

（南方日报记者　刘进　戎飞腾　黄学佳）

在南澳和东山两地采访期间，当我列出两地多项经济指标的对比数据时，几乎每一个受访者都会惊讶地问："南澳与东山的差距真的有那么大吗？"显然，人们惊讶的并不是南澳与东山之间有差距，而是差距原来已经如此之大。

第三篇 高端访谈

双城际会，群英献策。历经两个多月的“双城”走读，“双城会”系列报道告一段落。广州VS天津，深圳VS香港，东莞VS苏州，汕头VS厦门，韶关VS徐州，湛江VS北海，佛山VS无锡……一组组“双城”走读，将广东城市、区域经济发展放在全国的比较坐标中来观察，在“走出去”的区域比较视角中，既直面问题又具建设性的报道，引发了全省区域协调发展话题的发酵和热议，引发了全省区域协调发展的思考和行动。

在“双城会”系列报道收官之际，《南方日报》分别采访了广东省社科院副院长王珺、国家发展和改革委员会地区经济司司长范恒山、世界银行高级经济学家曾智华。三位有代表性的专家分别站在不同的观察角度，从全省、全国、国际的立体视角来观察分析广东区域发展的新趋势、新特点，建言广东区域发展新对策。

广东省社科院副院长王珺：以城镇化促区域协调发展

王珺

“我觉得，新时期广东促进区域协调发展可以城镇化为抓手，以粤东西北等地的城乡差距为突破口，来缩小粤东西北与珠三角的地区差距。”广东省社科院副院长王珺（如右图，吴伟洪摄）近日在接受南方日报专访时表示。

王珺认为，从全球来看，世界一半的GDP是由占世界土地面积1.5%的地方创造出来的，这个经济板块却居住着全球1/6的人口。同样，中国东部只占国土面积的1/5，却创造了中国一半以上的GDP。所以，不均衡发展是经济发展的常态，也是当前我国区域经济发展的基本特征。这需要确立人的均衡发展高于地区均衡发展的理念。在非均衡发展中如何实现人的均衡发展？广东应抓住新型城镇化发展的战略机遇，在推动珠三角增长极继续快速发展的同时，粤东西北在城镇化扩容提质中，通

在非均衡发展中如何实现人的均衡发展？广东应抓住新型城镇化发展的战略机遇，在推动珠三角增长极继续快速发展的同时，粤东西北在城镇化扩容提质中，通过缩小城乡差距，促进区域地区之间的协调发展。

过缩小城乡差距，促进区域地区之间的协调发展。

谈发展阶段：广东正处于转型升级爬坡越坎期

南方日报：2013年“两会”期间，经济总量连续20多年位居全国第一的广东，在全国区域发展百舸争流的格局中，感受到前所未有的压力，同时，转型升级又处于关键阶段。您如何看待分析广东当前面临的压力和挑战?

王珺：对于广东来讲，这需要对当前所处的发展阶段有一个清晰的认识，目前，广东人均GDP已经超过了8500美元，处于中高等收入阶段。在这个阶段中，需求与供给结构都发生了明显的变化，未来经济增长的主要动力不再是单纯的劳动力与资本等要素数量的增加，而是效率与质量带来的贡献。这种增长动力结构的转变是跨越中等收入陷阱的关键所在，但这也是一个十分艰苦的过程。近年来的产业转型升级意味着广东率先进入到了这个爬坡越坎的关键时期。在这个阶段，怎么找准发展的靶子、形成共识，怎么全力推进，正是广东当前要着重考虑和要解决的问题。

谈区域协调：广东区域发展受地理环境制约

南方日报：“最富的地方在广东，最穷的地方也在广东”一直是广东区域发展不协调的典型写照。在珠三角人均GDP超1万美元之际，粤东西北仍有13个市人均GDP在全国平均水平之下。“区域发展失衡”就是您说的靶子之一?

王珺：是的，促进广东区域协调发展，发掘欠发达地区的增长潜力，是当前广东加快发展的重要抓手之一。

其实，区域发展不均衡并不是广东所特有的，从全国和全世界来看，都存在着区域之间发展不平衡的现象。发达国家怎么走过来的，怎么克服区域非均衡问题，有哪些经验教训，值得我们仔细梳理与借鉴。

从全球来看，主要有两种解决地区发展不平衡的办法，就是美国模式和欧盟模式。美国国家的内部市场规模较大，但由于是典型的市场经济，生产要素在国内各州之间可以自由流动，地方政府不能设置各种限制，劳动力在各州之间是自由流动的，这使低收入地区的劳动力流入到了高收入地区。这种集聚性流动的结果是，地区之间的GDP总量差距没有明显地缩小，但是人均收入差距缩小了。当然，通过劳动力的流动来解决收入差距的这个过程是非常缓慢的。

欧盟27个成员国之间的经济差距也是很大的，自20世纪90年代以来，欧盟的一项重要工作就是致力于协调各成员国之间的经济发展的问题。由于劳动力的跨国流动受到限制，欧盟的协调工作主要集中在通过财政转移支付与治理试图缩小地区经济差距上。经过了长期的努力，尽管欧盟花了1/3的财政用于治理区域经济不协调发展的问题，但效果并不明显。事实上，2008年广东省委、省政府提出的“双转移”战略就是在借鉴了国际经验的基础上出台的。与欧盟相比，广东作为一个省，对

广东人均GDP已超过8500美元，处于中等收入阶段。在这个阶段，怎么找准发展的靶子、形成共识，怎么全力推进，正是广东当前要着重考虑和要解决的问题。

产业转移与梯度发展是可持续发展的动力来源，利用梯度差异加速粤东西北等地经济发展，将增加广东经济发展的新动力源。

要素流动自然没有国家之间的制度限制与障碍。

南方日报：广东区域发展失衡的原因有哪些？

王珺：广东省委、省政府对区域协调发展的重视并不是这几年才提出来的，“九五”期间，省委、省政府把区域协调发展作为广东省经济发展的四大战略之一。“十五”期间又确定了“路要进去，物要出来，钱要进去，人要出去”的实施机制。“十一五”期间，又进一步深化了对发展不平衡的治理办法。比如在减贫方面，创新性地实施了“规划到户、责任到人”的“双到”扶贫活动，通过产业转移园建设，推进了产业资源与劳动力资源的“双转移”战略，并取得了显著的成效。概括地说，省委、省政府对地区发展不平衡的治理政策始终围绕着“修路减贫促流动”三个方面不断深入，这体现了政府在治理地区发展不平衡中所承担的公共职能。

但是，广东也有自己的难点。

第一个是地理位置因素。从地理上来看，广东和江苏、浙江并不一样，江苏、浙江面积大概都有十万平方公里，但地理位置比较集聚。而广东从汕头到粤西的直线距离有700多公里，南北也接近600公里，我们的地理特征，就是俗话说的“七山一水二分田”，山区面积占多数。因此，运输费用和修路成本比较高，修路任务比较重。所以，虽然广东的高速公路建设在全国起步早，高速公路长度居于全国领先地位，但是，道路交通等基础设施建设仍然有很长的路要走，这就决定了当前的广东基础设施建设一直处在一个很重要的位置上。

第二个困难，江苏和广东都是大量外来劳动力聚集的省份，广东是全国外来人口最多的省份，主要集中在珠三角，但主要是省外的劳动力；江苏的特点是倒过来，劳动力主要来自苏北地区，省外的劳动力占少数。一旦外省的农村劳动力占据了岗位，粤东西北等地劳动力要转移到珠三角就难了，因为位置已被别人占了。

第三个是共性的问题，珠三角地区发展水平达到了人均GDP超过了1万美元的阶段，生产要素的集聚化流动仍是一个非常明显的特征。比如说，高素质的劳动力越来越向大城市和就业机会多的地方集中，这源于大城市以及发达地区的集聚效应。值得指出的是，先进制造业、新兴产业发展的一个共同特点就是“钱随人走”，高端劳动力向某个地方流动，资本、风投就跟着这些人走。不像发展初期传统的劳动力密集型产业发展中呈现出来的“人随钱走”的特点。

南方日报：您如何科学看待非均衡经济发展中的机会？

王珺：事实上，非均衡发展带来的地区差异，从另一个角度看，也存在着巨大的发展机会。与诸如亚洲“四小龙”等小经济体相比，中国地大物博，东中西发展不平衡形成了产业梯度转移与发展的空间，从东部沿海，到中、西部，这种产业转移与梯度发展是可持续发展的动力来源。同样，广东珠三角与东西北等地之间也存在着梯度差异，利用这种梯度差异，一方面为发达地区的传统产业提供腾挪空间，从而为其培育新的经济增长点创造机遇；另一方面也可能会加速粤东西北等地经济发展，从而增加广东经济发展的新动力源。

从全球来看，主要有两种解决地区发展不平衡的办法，就是美国模式和欧盟模式。

2008年广东省委、省政府提出的“双转移”战略就是在借鉴了国际经验的基础上出台的。

谈增长极：确保珠三角增长极加快发展

南方日报：在集聚化、非均衡发展占主导的背景下，我们应当怎样看待区域协调发展？

王珺：当前，省委、省政府对珠三角地区发展提出了新要求，即在完成“四年大发展”后，实现“九年大跨越”。如何强化珠三角作为主要增长极的作用？从一个角度来讲，如果原有的产业转出去后，没有新的增长点出现，那么，这个地区的增长率就会慢下来。在这种情况下，有可能出现珠三角地区与粤东西北等地经济差距缩小的情况，但是，这种以放缓核心区经济增长率为代价的区域差距缩小并不是广东所需要的。

事实上，省委、省政府提出“九年大跨越”，就是要促进珠三角地区作为增长极的高质量、快速发展。高效率的产业与项目以及与此相匹配的高端要素集聚得越快，传统产业转出去的速度也会越快，两者之间就会形成一个共同增长的良性循环。

这里所说的协调发展指的是政府通过协调地区之间的公共设施与公共服务以促进地区之间共同发展的过程。概括地说，政府协调地区发展的三大政策就是“修路保底促流动”。“修路”是广义的，指的是基础设施的建设，包括公共设施，跨地区的设施，像水、交通、电力和网络；“保底”是不断提高贫困线与基本公共服务的保障；“促流动”是指促进生产要素按照市场规律进行低成本的流动。

谈广东对策：以缩小粤东西北城乡差距为抓手

南方日报：广东当前应当怎样推动区域协调发展？

王珺：我认为，要以城镇化为突破，从粤东西北等地城乡收入差距的缩小入手。首先，当前的粤东西北等地农业劳动力比重在45%左右，如果这个比重降至10%，那么，还有35%左右的农业劳动力需要转移出来。往哪里转？无非是三个转向：一是珠三角等相对发达地区。近年来，随着珠三角产业转型升级，对具有技能与经验的劳动力需求增加，而对简单劳动力需求减弱。二是在农村就地转移，但是这种方式缺少第二产业提供的就业机会。三是向着就近的城市转移。在这三种路径中，第三种比较可行。因为粤东西北等地农村劳动力在收入水平不断提高后，对就近城市就业的选择偏好增大，这些地区的劳动力在诸如珠三角等地打工赚了一些钱后也往往会考虑在离家乡最近的城市或附近县城买房置业。其次，粤东西北等地的城乡收入差距相对小于珠三角等地，其原因不是粤东西北等地农村收入水平提高较快，而是这些地区的城市发育不充分。最后，城镇化也是提高农民收入水平的重要途径。我们看到，农民收入水平越高的地方，工资在他收入中所占比重也是越高的。广东的城市化率为67%左右，广东农民收入中工资比重为60%；全国城市化率为52%，农民收入中工资

看一个区域是否协调发展，不是只看两地收入差距是一倍还是三倍，关键是看政府为两个地区的群众提供了什么样的公共福利、基础设施、制度环境与发展机会。

比重为40%。也就是说，城市化率越高，工资占收入比重越高，农民收入也越高。所以，通过粤东西北等地城镇公共服务与基础设施加快建设，增加粤东西北等地的城市就业机会，从而吸引农村劳动力向就近的城市转移，通过农村劳动力在城市就业，进而缩小城乡收入差距。一旦粤东西北等地城乡收入差距缩小，那么，它与珠三角等地的收入差距也会缩小，地区之间的协调发展才能得以实现。

因此，当前粤东西北等地要缩小城乡收入差距，需要加快推进城镇化进程，把增加这些地区的城市吸引力作为切入点，增加农村劳动力进城的吸引力。在新型城镇化中，要注重创造产城融合的就业机会。如果只有产业园区，而缺少城市支撑，那么，新一代员工下班后对多样化的文化生活需求就难以得到满足。显然兵营式的管理组织方式已难以满足多样化的精神与文化需要。当然，如果只有高城镇化率，而缺少类似产业园区以及产业发展支撑，那么，城市的失业率就比较高，巴西、阿根廷等拉美国家的城市化发展教训体现了这一点。同时要大幅度提高城市教育、医疗等基本公共服务产品的质量，这是收入提高后的农村劳动力最希望改善的福利需求。

谈改革：简政放权是为降低交易成本

南方日报：当前，广东要继续加大改革力度的呼声越来越高，您怎么看？

王珺：我们有没有想过这样的问题？那就是，为什么目前从国家到地方都大刀阔斧地推进以简政放权为基本内容的行政体制改革？为什么从没有像现在这样具有紧迫性？我认为，这与影响企业赢利的结构性因素变动有关。企业要能持续地经营下去，就必须要有赢利，而赢利就取决于价格减去成本。企业的成本包括了生产成本与交易成本两部分。当企业使用了大量低成本要素而导致生产成本较低时，即使交易费用高一些，可赢利的企业仍然能承受。随着土地、劳动力以及原材料等投入要素的成本上升以及汇率升值，生产成本快速上涨越来越多地侵蚀了利润份额，交易费用的降低就显得更为迫切了。当然，对于企业来说，消化生产成本上涨的根本途径在于提高效率。不过，从政府角度看，在这个过程中，大幅度地降低交易成本，创造一个有利于企业赢利的制度环境，这也是企业转型所不可缺少的。否则，许多中小企业的生存就会遇到问题。

所谓降低交易成本就是通过简政放权、简化手续、降低门槛、增加政策可预期性与经营环境中的信用含量，降低不确定性与交易风险等。显然，这需要通过深化经济与行政体制改革加以实现，这就是李克强总理多次提到的通过改革释放的“制度红利”，以“制度红利”对冲生产成本上涨给企业带来的影响，从而促使企业从主要靠数量转向主要靠效率上来。

（南方日报记者　陈韩晖　黄应来）

通过城镇化增加粤东西北等地的城市就业机会，从而吸引农村劳动力向就近的城市转移，缩小城乡收入差距，进而缩小与珠三角的区域差距。

国家发改委地区经济司司长范恒山：南沙横琴前海是带动广东区域开放和创新发展的“试验田”

范恒山

近期金融状况收紧来得意外而又似乎在意料之中。

进入了经济社会发展转型期的广东，面临资源环境的约束趋紧、经济社会发展不够协调、体制机制有待完善等深层次矛盾，经济运行困难加大，深层次矛盾和问题进一步显现。

站在一个新的历史起点上的广东该何去何从？国家发改委地区经济司司长范恒山日前接受了南方日报的独家专访，畅谈广东区域发展的方向和策略，从作为国家战略的《珠三角地区改革发展规划纲要》（下称“《规划纲要》”）实施4年来取得的成效谈起，聚焦下一时期珠三角区域政策的发展方向及主要任务。范恒山说，要充分发挥南沙、横琴、前海三大平台的先行先试优势，使它们成为带动广东区域开放和创新发展的“试验田”。

谈珠三角引擎：珠三角“四年大发展”奠定科学发展大格局

南方日报：《规划纲要》已实施了4年，您如何评价它取得的实效？

范恒山：珠三角是广东经济发展的引擎，广东省委、省政府把贯彻实施《规划纲要》作为推动广东科学发展的总抓手，经过各方面的共同努力，“一年开好局”顺利完成，“四年大发展”全面实现，开创了珠三角地区科学发展的新局面，突出体现在以下六个方面：

一是经济发展质量和效益上新水平。2012年，珠三角地区生产总值达到47897.25亿元，比2008年增长了45.8%；人均GDP达84563元，增长了29.6%；城镇化水平达83.8%，提高了3.6个百分点。

二是产业转型升级迈出新步伐。广东省深入推进“双转移”和“腾笼换鸟”，推动珠三角地区劳动密集型产业等低端产业向粤东西北地区有序转移。2008年以来珠三角累计转出企业超过7000家，淘汰关停企业约7万家，新引进企业3万家。以现代服务业、先进制造业和战略性新兴产业为主体的现代产业体系加快发展，传统优势产业转型加快，海洋经济发展提速，三次产业结构由2008年的2.4：49.9：47.7调整为2.1：46.3：51.6，产业发展高端化、集聚化、国际化、融合化态势明显，珠三角

下一步，国家发改委将会继续做好对《规划纲要》实施情况的跟踪分析，进一步加强对珠三角地区改革开放和现代化建设的支持和指导，在有关规划编制、政策实施、项目安排、体制创新等方面给予积极支持。

现代产业核心区初步形成。

三是区域协调发展呈现新格局。珠三角地区以广佛同城化为示范，加强城乡统筹，深入推进广佛肇、深莞惠、珠中江三大经济圈建设，有效打破了区域资源配置的行政分割，初步构建起城市规划统筹协调、基础设施共建共享、产业发展合作共赢、公共事务协作管理的一体化发展格局。

四是重点领域改革取得新突破。深化改革是《规划纲要》明确的一项重大任务，4年多来，广东省推进行政体制改革取得突破，珠三角各市共取消行政许可、非行政许可审批、备案事项1973项。譬如，珠三角金融改革创新综合试验区建设加快推进；社会管理体制改革也迈出重要步伐，为全国探索了路径，积累了经验。

五是民生社会事业呈现新亮点。4年来，广东省加大民生投入，扎实推进基本公共服务均等化，基本建立了城乡统一的就业服务体系，实现了全民医保和养老保险制度的全覆盖，流动人口服务管理居住证一证通基本实现全覆盖，随迁子女入读公办中小学人数和比例逐年增长，群众的福利水平和幸福感得到提升。

六是粤港澳紧密合作拓出新领域。在国家发改委、广东省以及国家有关部门的共同努力下，先后编制并报国务院批复了珠海横琴、深圳前海、广州南沙的发展规划，给予了特殊政策支持，打造了粤港澳合作的重大战略平台。4年来，广东省深入实施CEPA，在64项对港、53项对澳服务业开放方面开展先行先试，金融、投资等方面的合作全面深化，率先推进与港澳的服务贸易自由化。

谈珠三角区域自主创新体系：仍不完善

南方日报：下一时期珠三角区域政策的发展方向及主要任务是什么？

范恒山：这几年的实践表明，《规划纲要》完全符合广东特别是珠三角改革发展实际，有力地推动了地区经济社会发展。在总结成绩的同时，我们也应该清醒地看到，实施《规划纲要》后续工作任务依然非常艰巨：珠三角地区转型升级处于关键阶段，区域自主创新体系仍不完善；人口、土地、资源环境约束进一步趋紧，节能减排、环境保护、生态建设任务艰巨；基本公共服务均等化程度有待进一步提高，区域协调发展任重道远，等等。

珠三角要着力在推动深层次转型升级、促进经济结构战略性调整上取得新突破，打造珠三角经济“升级版”。

下一步，国家发改委将会继续做好对《规划纲要》实施情况的跟踪分析，进一步加强对珠三角地区改革开放和现代化建设的支持和指导，在有关规划编制、政策实施、项目安排、体制创新等方面给予积极支持。广东省要特别注意做好以下几点：一是着力在推动深层次转型升级、促进经济结构战略性调整上取得新突破，打造珠三角经济“升级版”；二是着力在推进区域一体化、粤港澳合作上取得新突破，打造世界级城市群；三是着力在推进绿色低碳发展、推动生态文明建设上取得新突破，打造美丽中国新样板；四是着力在保障和改善民生、推进基本公共服务均等化上取得新突破，打造幸福广东；五是着力在深化重点领域改革、建设法治化国际化营商环境上取得新突破，继续担当改革创新的“试验田”。

谈广州深圳：要发挥龙头带动作用

南方日报：如何发挥珠三角特别是广州、深圳的作用，带动全面发展？

范恒山：国家对广州、深圳的发展有着明确要求，广州要充分发挥省会城市的优势，增强高端要素集聚、科技创新、文化引领和综合服务功能，增强文化软实力，提升城市综合竞争力，强化国家中心城市、综合性门户城市和区域文化教育中心的地位，建设成为广东宜居城乡的“首善之区”，建成面向世界、服务全国的国际大都市。深圳要继续发挥经济特区的窗口、试验田和示范区作用，增强科技研发、高端服务功能，强化全国经济中心城市和国家创新型城市的地位，建设中国特色社会主义示范市和国际化城市。下一步，广州、深圳应按照《规划纲要》确立的发展定位和发展路径，优化城市功能、提升发展品质，更好地辐射带动珠三角城市群的发展。

谈粤东西北加快发展：12市人均GDP低于全国平均

南方日报：粤东、西、北与珠三角区域发展不协调问题是广东经济发展中的一个短板和薄弱环节，您怎么看这个问题？

范恒山：据测算，全省区域发展差异系数从2007年的0.72缩小到

0.63，但仍然高于全国平均水平。目前，广东还有粤东西北的12个市以及珠三角的肇庆市人均GDP低于全国平均，部分地市人均GDP甚至不足全国平均水平的一半。对于广东，促进区域协调发展，既任重道远，又是当务之急。

南方日报：推动粤东西北区域协调发展，特别是在公共服务均等化方面，当前广东需要解决哪些问题？这些问题如何从体制机制上得以解决？

范恒山：一是要充分发挥珠三角地区的辐射带动作用。继续推进“双转移”，特别要把产业转移园建设作为带动粤东西北地区工业化、城镇化的重要载体，推动形成全省梯度发展、分工合理的多层次产业群和优势互补、互利共赢的产业协作体系。提高粤东西北地区的内生增长能力，更有力带动粤东西北地区跨越发展。

二是要大力推动粤东西北地区加快发展。粤东西北地区应加快重大基础设施建设，特别是要加快建立粤东西北地区与珠三角之间的快速交通体系，促进资源要素的合理流动和有效配置。应努力推进产业转移承接，注重资源节约和环境保护，实现可持续发展。应提升城镇化发展质量，要因地制宜、因势利导，充分考虑现有地理空间容纳能力、资源环境承载能力，推动形成合理的城镇空间分布格局。

三是要着力推进公共服务均等化。特别要加大对粤

珠海横琴、深圳前海和广州南沙新区都是《规划纲要》和国家“十二五”规划纲要确立的深化与港澳合作的战略平台，也是带动区域改革开放和创新发展的“试验田”，承载着特殊使命。

东西北等相对欠发达地区公共服务投入，创新公共服务体制机制，扩大公共服务覆盖范围，切实让这些地区的人民群众与珠三角发达地区群众享有大体相当的基本公共服务。

四是要探索建立促进区域协调发展的长效机制。应努力健全政策体系，建立有效的财政政策，运用规范的转移支付来实施区域经济政策，平衡各地区的公共服务水平，扶持特殊贫困地区加快发展。应探索建立利益共享机制，同时要完善各区域之间协作交流联席会议制度。

谈前海南沙横琴三大平台：带动广东创新发展的“试验田”

南方日报：前海、南沙、横琴是国家批准的粤港澳合作三大平台。国家对于促进这三大平台发展有何考虑？

范恒山：珠海横琴、深圳前海和广州南沙新区都是《规划纲要》和国家“十二五”规划纲要确立的深化与港澳合作的战略平台，也是带动区域改革开放和创新发展的“试验田”，承载着特殊使命。建设好这三大平台，有利于发挥它们毗邻港澳的独特区位优势，汇聚粤港澳三地在人才、技术、市场和管理体制等方面的优势，促进区域间人员、物资、资金和信息的高效集聚和合理流动，形成新的政策优势和体制创新优势，推动探索建立方式灵活、主体多元、渠道畅顺的合作新机制和新模式，从而加快形成粤港澳全方位、多层次、宽领域的更紧密合作格局。三大平台既相辅相成、互为犄角，又分工合作、错位发展。

为充分发挥横琴地处粤港澳结合部的优势，国家赋予了横琴“粤港澳合作新模式的示范区、深化改革开放和科技创新的先行区、促进珠江口西岸地区产业升级的新平台”的战略定位，重点发展商务服务、休闲旅游、科教研发和高新技术等产业，并从创新通关制度、财税以及支持粤澳合作产业园发展等方面给予了政策支持。

而规划建设前海，最重要的因素就是它毗邻香港，可以充分发挥地缘优势，推进深港两地合作发展现代服务业，打造功能突出的现代服务业集聚地，积极探索促进现代服务业发展的体制机制，既为香港产业拓展特别是现代服务业发展提供新的平台，同时也为国家进一步深化经济体制改革、完善市场经济体系摸索和积累新经验。基于此，国家将前海定位于深港现代服务业合作区，重点发展金融、现代物流、信息服务、科技服务和其他专业服务等现代服务业。

南沙新区规划面积803平方公里，相比较而言，发展空间更为广阔，产业体系更为多元，可以在更广空间、更宽领域与港澳开展合作。同时，南沙新区作为一片蓄势待发的新区域，人口密度和开发强度较低，自然生态环境优良，有条件率先探索新型城市化发展模式，为大珠三角构建优质生活圈做出示范。为此，国家提出，将其建设成为粤港澳优质生活圈、新型城市化典范、生产性服务业为主导的现代产业新高地、具有世界先进水平的综合服务枢纽、社会管理服务创新试验区，打造粤港澳全面合作示范区。这也充分表明，在规划建设南沙新

建设好这三大平台，有利于发挥它们毗邻港澳的独特区位优势，推动探索建立方式灵活、主体多元、渠道畅顺的合作新机制和新模式，从而加快形成粤港澳全方位、多层次、宽领域的更紧密合作格局。三大平台既相辅相成、互为犄角，又分工合作、错位发展。

区时，国家已充分考虑了其与前海、横琴的优势互补、错位发展问题。

谈突出先行先试错位发展

南方日报：请您谈谈，前海、南沙、横琴发展的着力点在哪些方面。

范恒山：要突出做好三个方面工作。一是突出先行先试。先行先试既是《规划纲要》的灵魂和精髓，也是国家给予三大平台最大的优惠政策，是红利中的红利。三大平台应积极推进规划提出的有关行政、通关、科教、文化、金融、法制等方面的改革创新任务，在重点领域和关键环节先行先试，破除发展的瓶颈，增强发展的动力，争创体制机制新优势，这会带来挑战和压力，同时也会带来空间和机遇，而最终带来的是活力和效益。例如，国家赋予前海的部分先行先试政策经过实践检验，符合改革发展方向、有利于促进经济发展，已经从在前海先行先试转向在全国实施；随着经济社会发展，国家一定还会把新的政策放到三大平台先行先试。

二是突出开放合作。开放合作是促进资源要素的高效集聚和优化配置，实现借势发展、跨越发展的有效手段。三大平台毗邻港澳，连接内地，具有深化区域合作、带动内地更广大区域参与全球竞争合作的突出优势，应进一步扩大对外开放，率先推进与港澳服务贸易自由化，加快形成与国际接轨的营商环境，携手港澳共建我国参与全球投资贸易、文化旅游、对外交流等领域合作的重要平台，建设成我国南方重要的对外开放窗口。

三是突出错位发展。只有错位发展，才能充分发挥自身的比较优势，实现与周边区域的优势互补和共同发展。三大平台应紧紧围绕各自的功能定位，发挥比较优势。其中，前海应充分利用比经济特区更加特殊的先行先试政策，高起点高水平发展现代服务业；南沙新区应进一步强化综合服务功能，探索新型城市化道路，建设优质生活圈；横琴应加强与港澳特别是与澳门的紧密合作，打造珠江口西岸地区新的增长极，为澳门经济适度多元化提供新的发展空间，从而形成三大平台错位发展、层次分明、协作有序的区域协调发展格局，进一步提升珠三角区域发展的整体竞争力。

前海、南沙、横琴三大平台发展突出三个方面：一是突出先行先试；二是突出开放合作；三是突出错位发展。

南方日报：下一阶段区域政策的发展方向和主要任务是什么？

范恒山：近7年来，为推动国家区域发展战略的强化、细化、实化，国家发改委研究制定了90多个相对较小的区域规划和政策性文件，对东中西各大板块的若干典型区域基本实现了“一区一策”。

未来一个时期内，促进区域协调发展，要重点做好五个方面的工作：进一步突出缩小基本公共服务差距、进一步突出构建促进区域协调发展的长效机制、进一步突出发挥比较优势增强区域自我发展能力，以及进一步突出合作互动推进区域协调发展；进一步突出试验示范推动区域经济转型跨越。就缩小基本公共服务差距而言，要把促进区域间基本公共服务均等化作为区域规划编制和区域政策制定的重点内容，在重大项目布局和资金安排上体现向基本公共服务领域倾斜、向欠发达地区特别是贫困地区倾斜等等。

（南方日报记者　龙金光）

世界银行高级经济学家曾智华：珠三角城市群竞争　需借力专业化创新平台

曾智华

作为世界银行“知识与发展”项目创始人之一，广东省珠三角《规划纲要》特聘国际专家、世界银行高级经济学家曾智华跟珠三角颇有缘份。2010年，他与时任世界银行副行长林毅夫共同发布的新书——《解读中国奇迹：经济特区和产业集群的成功与挑战》，就是以珠三角产业集群为个案，深入解读这一地区发展。

曾智华于1998年加盟世行，是国际知名的宏观经济、创新、竞争力、产业政策和集群发展、知识经济等方面的专家。近日，在世界银行总部，曾智华接受了南方日报的专访，畅谈珠三角城市群的发展和创新。

谈珠三角城市群发展：经济特区产业集群是引擎

南方日报：2010年，您和时任世行副行长林毅夫共同发布了《解读中国奇迹——经济特区和产业集群的成功与挑战》。在书里，您针对深圳特区以及珠三角产业集群作了较深入的研究。同时，您作为广东省珠三角《规划纲要》的特聘国际专家，经常来往于美国和广东，熟稔两地的经济发展状况，你怎么评价珠三角城市群的发展状况？

曾智华：总的来说，改革开放以来珠三角城市的经济发展模式还是比较成功的。这些城市通过加工贸易，产生了很多产业集群，出现了很多专业镇。这些产业集群或专业镇分工很细，生产效率很高，有比较大的竞争力。此外，广东还创建了很多创新平台，对产业创新或技术突破给予鼓励支持。可以说广东创造出了自己特有的一个模式，直至现在经济总量都是全国领先的。我认为促成“中国的奇迹”有两个最主要的引擎——经济特区和产业集群，这两个引擎的很大一部分都在广东。

但如今，珠三角也面临越来越大的挑战，其中最主要的是来自转型升级。因为随着国际环境的改变及生产成本的提高，从事加工外贸的优势条件在珠三角城市已经逐渐弱化。珠三角原来低劳动成本、低附加值的产业发展模式已经遭遇瓶颈。珠三角城市主要是出口导向型的经济，下一步珠三角要继续保持竞争力的话，必须从调整产业结构和产业转型升级方面着手。一方面传统产业通过市场调节调整、转移、升级。更重要的就是要培育高附加值的新的产业，如设计、商业资讯、消费服务、技术创新、物流等。中国很多地区发展的特点是制造业占了大头，制造业两端的研发、服务产业相对比较

但如今，珠三角也面临越来越大的挑战，其中最主要的是来自转型升级。因为随着国际环境的改变及生产成本的提高，从事加工外贸的优势条件在珠三角城市已经逐渐弱化。

促成“中国的奇迹”有两个最主要的引擎——经济特区和产业集群，这两个引擎的很大一部分都在广东。

弱，中国包括珠三角在内日后要大力发展服务业，因为很多高附加值的产业都是服务业，而且服务业也能创造很多就业机会。

谈珠三角城市群竞争力：目前最大瓶颈是人才缺乏

南方日报：美国哈佛商学院教授迈克尔·波特提出过“国家竞争优势”理论，提出由比较优势向竞争优势飞跃的命题。而后演化为“城市群竞争”。曾有专家说，珠三角地区和德国鲁尔工业区有着相似之处，如今谈到珠三角城市群的竞争力，您觉得还缺什么？

曾智华：珠三角城市群竞争力的提升，如今来看，发展金融业肯定是个重要命题。其中地理位置离香港近是优势，但目前最大的瓶颈是人才缺乏。发展金融行业需要一大批高端人才，需要从海外和中国的其他地方如京、沪等地吸引人才。另外就是需要自己培养，这就需要对当地地方院校中跟当地发展方向相结合的学科进行重点的支持。

第二是要创造宜居的环境，高端服务业的从业人员对生活质量的要求比较高，要他们长期定居，首先要保证提供优质的公共服务，还要解决小孩异地上学等制度性的问题。在东亚、东南亚的城市当中比较有竞争力的就是新加坡和香港。新加坡现在想打造成东南亚乃至亚太地区的高端服务业中心，它的自然环境和法律环境都很好，吸引了很多高端人才。香港亦是有力的竞争对手。珠三角接下来要实现可持续发展，发展新兴产业，首先就要跟这些地方竞争，打造出宜居的环境。

第三，国家对研发、创新的支持需要创造很多创新基础设施平台，珠三角也有一些创新平台，但问题是这些平台往往以镇、县或市为单位，造成了条块分割。出现了城市之间、同一个城市之内不同的园区之间或产业集群之间的同质性竞争乃至恶性竞争，导致资源的分散和浪费。比如在两个城市有类似行业的话，这些行业之间就必须进行合作与融合。我们也把这称为集群创新，只有把这些资源结合起来才能做大做强，因为产业创新需要很强的互动，孤军作战是行不通的。比如在硅谷，高校与企业之间的互动非常频繁，行业之间的合作也比较普遍，反观中国，往往是竞争远大于合作。将来需要打破市、县、镇的界限，加强行业之间的合作。这需要至少省一级政府出台相关政策进行整合。此外，珠三角如何定位，产业怎么选择，也非常关键。这需要跟现有的比较优势、未来可能出现的竞争优势相结合来做抉择。

专业化的创新平台必须以产业和行业为主导来划分，而不是以行政区划，现在产业要做大的话，必须进行行业整合。

谈中心城市广州的优势：衡量潜力莫看短期排名

南方日报：2012年，天津与广州GDP相差不到700亿元。从增幅来看，天津的发展后劲强大。现在有人担心不久之后广州将失去“中国第三城”的帽子，您有这个担忧吗？

曾智华：我没有这种担忧，因为这种思路还是原来那套GDP挂帅的思路，这跟我们现有的官员绩效评价体系也有关。中国社科院每年都出台城市竞争的排名，一定程度上反映了城市发展的起落，但要真正看清个中趋势还要有更深入的研究。

相反，如果这个城市基于这些优势来定位，就不用担心目前短期内的经济数据好不好看，只要潜力起来了，很快就可以超过其他城市，而且发展也得以持续。如果暂时失去了第三，但经过三到五年完成了经济结构转型，那时广州将有更强大的发展后劲，而且具有很强的可持续性。所以不能把目光定在短期的排名上，这也是导致现在城市恶性竞争很重要的一个因素。

现在的评价体系给生产总值、投资等的权重太重，真正要度量一个城市的发展潜力、综合实力，需要把其他的指标放进去，而且权重要增加。比如社会发展指标。我们可以看看适龄儿童有多少没有上学，有多少毕业率；再看看医疗体系怎么样，多少病人有一个医生，这个也是衡量福利的一个标准。

谈珠三角城市化发展：应更多关注人的城市化

南方日报：如今城市化在中国是一个热门话题，城市化被认为是未来拉动经济增长的发动机。珠三角地区是全国城市化率最高的地区之一，您认为珠三角城市化接下来的发展应该如何避免新一轮“摊大饼”式的城市扩张？

曾智华：在2013年年初，李克强总理委托世行研究城镇化的科学发展战略，甫一上任就委托世行做这个课题，可见国家领导人对这个问题的重视。

其中的原因在于城市化牵涉到下一步发展模式的转型、社会福利怎样改、贫富分化如何缩小、环境怎样改善等社会民生的问题。城市是中国各个地方经济发展的火车头，中国的城市化率发展也很快，从改革开放前不到20%到现在的52%，现在大多数人已经住在城市里。城市化是必须要走的道路，今后中国的城市化很重要的一点是要更多地关注人的城市化，不光是土地或建筑的城市化。如果城市规模建得很大，但大部分人都住在贫民窟里，人的生活质量没有得到改善，那这个城市化就没什么意义。过去30年中国城市化发展较快，却避免了很多发展中国家出现的贫民窟的现象，就是因为我们的城市化是伴随经济增长而展开的，城市提供足够的就业机会，吸纳了很多的人口。

是第三还是第四并不要紧，衡量一个城市可持续发展的潜力，并不是通过这些短期排名就能看出来的，如果一个城市的发展模式不是基于它的要素禀赋、比较优势和竞争优势的话，那它的发展后劲是有隐忧的。

珠三角吸收了很多外来劳动力，随着这些人在当地的不断融入，逐步成为新型的城市人，他们就必须要有跟当地的城里人一样的生活标准，这就需要我们首先从户籍方面进行改革。当然一下子放开是不大可能，但是至少要对这些已经进入城市、事实上已融入当地生活的人的户籍适当放松，让他们享受同等的福利待遇。这也就实现了人的城市化。其次就是要避免城市化只是为了拉高GDP而大兴土木，这样就成了一个变相的圈地运动。正确的城市化必须遵循一些原则，无论城市规模大小，这些原则基本上都是适用的。一是城市的定位要基于当地的资源优势和竞争优势，切不可不顾实际、盲目照搬。其二，城市必须是一个环保型的绿色城市。现代社会的发展对环境提出了越来越高的要求。三是城市必须是宜居的，功能区之间规划、产业需求跟人的需求的协调，交通规划、衣食住行、教育医疗等都要通盘考虑。第四个原则是以人为本，要根据人的需求来建设，而不是盲目进行拆迁，大建一些过剩的建筑等基础设施，这样可以防止一些鬼城的出现。第五个原则是必须保持城市特色和风土人情文化，该保留的都保留下来。珠三角的城市如果在这几个方面做好的话肯定很有发展潜力，而且能吸引很多高端的人才。国内的竞争对手中，长三角是个中翘楚，他们的宜居环境确实已经很不错，这方面需要珠三角学习借鉴，打造好的环境，吸引人才，留住人才。

谈粤东西北地区发展：可优先发展环保节能产业

南方日报：广东的区域发展不平衡，在“富广东”珠三角的背面还有个“穷广东”——粤东西北地区，今后珠三角与粤东西北地区未来应该如何进行分工合作？粤东西北如何走上有别于珠三角发展的新路？

曾智华：粤东西北跟珠三角的差别就与中国的中西部跟中国沿海的差别一样大。今后粤东西北的发展要吸取珠三角发展的教训，尤其不要再支付环境方面巨额代价，走一条比较环保的道路，优先发展环保节能的产业。对于承接珠三角的产业转移，需要当地经过科学的论证对城市做出合理的定位，确定承接的产业在当地有发展潜力再吸收。对于一些城市，可能保持原生态是最佳的发展思路，这些地方不一定非得要发展工业产业来把环境搞坏，而是让珠三角的有钱人来旅游度假。所以发展思路要改变，要有更长远的眼光。还有要跟珠三角城市进行互补性发展，如发展休闲旅游产业等。最后，还可以发展一些适合总部经济、研发从业人员工作或机构落地的地方，因为这些从业人员看中这里有千金难买的优质的自然环境。当然，有一个很好的自然环境，相对较低的生活成本还不够，还需要公共服务的加强，这样将能吸引到一些高附加值的研发导向、高端服务的企业。

城市化是必须要走的道路，今后中国的城市化很重要的一点是要更多地关注人的城市化，不光是土地或建筑的城市化。

记者观察

珠三角可借鉴纽约城市群经验

打开美国地图，北起缅因州，南至弗吉尼亚州，跨越10个州，包括波士顿、纽约、费城、巴尔的摩和华盛顿5个大城市在内，以及40个10万人以上的中小城市。这里是美国东北部大西洋沿岸城市群，也是世界六大城市群之首的地区。今天的纽约贵为全世界第一大金融中心，或许可以算上波士顿一份功劳。历史上，波士顿和纽约也曾在金融中心地位上互执牛耳。在双方的比较优势和竞争优势充分比拼后，随着纽约渐占上风，波士顿主动寻求城市的新定位——大学城。今天波士顿云集了哈佛大学、麻省理工学院、波士顿大学等世界名校，精神高地波士顿被誉为“美国的雅典”。与波士顿相类似，城市群内其他核心城市也都根据自身的特点，走与纽约的错位发展之路。如费城发展国防、航空、电子产业，巴尔的摩发展矿产业和航运业等等，使得区域内的产业分布呈现出多元和互补的格局。而这些城市各自的发展始终离不开区域中心——纽约的辐射作用。

从广州进入佛山，进城收费站就在提醒你进入佛山了。“广佛同城”4年来，两城合作流于表面仍被诟病，有人说，广州和佛山只能算是友好伙伴关系，还不是利益捆绑下的合作关系。行政区划和经济区划的不重合也是一直困扰着珠三角城市群的“成长的烦恼”，甚至相较国内的其他城市群，珠三角城市间的竞争显得更加紊乱无序，如深圳剑指高科技，珠海也表态要抢占技术最高点；广州要打造南中国金融中心，深圳也赶忙给自己贴“区域性金融城”的标签；东莞、惠州等城市在制造业发展上的重合也让同质化恶性竞争愈演愈烈。而近年深圳对广州老大哥的交椅发起了冲击。

1957年，法国著名经济学家戈特曼（Jean Gottmann）教授首次提出“大都市圈”理论。按照该理论的标准，长三角城市群已经晋升为世界六大城市带之一，另一边厢，珠三角城市群经过30年的发展却仍然没有达到人们预期的高度。“破”总是比“立”要容易，如何解决珠三角城市群发展所面临的困难与症结，这正在考验着“珠三角”的智慧。

“区域经济的发展还需要把环保标准、社会平等等指标加进去，而且要给予高权重。这个绩效评价体系的改变能根本上改变政府行为，有利于发展模式的转变。”采访中，曾智华博士谈到，建立一个体系比较容易，但要真正实施却很困难，需要数据的真实可靠等，这对政府是一个考验。

（南方日报记者　谢梦　实习生　李颖浩）

第四篇 网络建言

自4月15日开始，南方日报以《广州VS天津：南北兄弟间的“第三城”之争》拉开了“双城会”系列报道的大幕，随后，《深圳VS香港：深港利益共同体的“双城之恋”》《东莞VS苏州：制造业名城的转型与求索》《汕头VS厦门：厦门蝶变海西“明珠” 汕头开始“二次创业”》等报道连续重磅推出，在各地市引起强烈反响。

这种以深入调研为基础、以数据分析为支撑的报道，触及了不少城市发展的敏感地带和痛处，使得有关城市和区域发展的思考成为近期广东各地热议的焦点，其影响力不断发酵、延续。5月7日，南方日报启动了珠三角、粤东、粤北、粤西四场网络建言围观会，通过专家学者和知名网友面对面的头脑风暴，求解广东区域协调发展的问题。我们将四场网络建言围观会内容分别梳理，以飨读者。

珠三角篇：珠三角未来发展“引爆点”在哪？

珠三角无疑是广东经济社会的心脏。

经过30多年改革开放的高速发展，珠三角率先完成了技术与资本的原始积累，而正是具有了这样的基础，珠三角不仅承担着广东未来发展的方向和动力，更是广东能否顺利实现“两个率先”的关键。

经过30多年改革开放的高速发展，珠三角率先完成了技术与资本的原始积累，而正是具有了这样的基础，珠三角不仅承担着广东未来发展的方向和动力，更是广东能否顺利实现“两个率先”的关键。

如今，升级、创新、集约、一体化等等都是珠三角发展的关键词，但与此同时，产业发展动力不足、城市发展定位不明确、龙头城市未发挥应有带动作用等问题也十分突出。在长三角经济圈、环渤海经济圈近年追赶势头迅猛的背景下，珠三角产业经济应如何调整、城市应如何发展，其压力日益凸显。

珠三角如何突破发展瓶颈，未来的发展路径在哪里？在昨日的珠三角专场献策会上，来自官方、民间的专家及知名网友齐为珠三角建言献策。

嘉宾（排名不分先后）

丁力：广东省社科院区域竞争力研究中心主任

宋劲松：省政协委员、省城乡规划设计院副院长

彭澎：南方民间智库副主席、广州市社科院高级研究员

金心异：深圳市政协委员、21世纪经济报道编委、知名网友

姚华松：广州大学广州发展研究院产业规划研究所所长

商裔：南网知名网友

主持人

谢梦：南方日报记者

精彩观点

金心异：经济体竞争更多是城市体竞争

金心异

中国的区域经济格局都将逐步稳定下来，所以未来十年将是广东的机会。

经济体之间的竞争，很多情况下是城市体之间的竞争。在这样的节点上我们来检讨珠三角城市群未来策略，是非常必要的。

检讨珠三角我想非常有必要检讨的是广州，作为区域中心城市，广州如何在战略谋划中实现区域价值和担当？

佛山其实在珠三角中从来没有被定位成中心城市，但是佛山在某些举措上，足以体现它对这个区域的担当或者是引领价值。举个例子，2012年佛山市和德国弗劳恩霍夫协会合作，建了中德佛山服务工业区，德国技

术、科技、服务业有一套成熟的模式，弗劳恩霍夫协会就是这种模式的承载。这为珠三角的制造业指出了一个升级方向。

建议广东省委、省政府好好研究一下互联网给我们的未来会带来怎样的变化、我们要怎样适应这样的变化，这里涉及到财富的生成方式和分配方式。一定要看到未来的方向，这样才能把握新的制高点。

经济体之间的竞争，很多情况下是城市体之间的竞争。在这样的节点上我们来检讨珠三角城市群未来策略，是非常必要的。

宋劲松：吸引人才引领新兴产业

宋劲松

随着各地区域经济发展崛起，广东现在的发展，相比之前优势在逐渐丧失。

一个地区的整体人才储备，最关键的是需要一些引领型、创新型的人才。以前，广东之所以吸引人才，是因为它不拘一格。但在全国各地区域加快发展的格局中，如今广东对于人才的吸引力在下降。

未来广东的发展在于创新，这就需要第二次改革开放。这种改革需要延用二三十年来已在开放中创造的、积累的优势进一步开放——包括进行一些自由贸易区的尝试，跟国际上的社会管理制度、经济运行制度、法律商务环境等更全面地接轨。同时，这种更全面的接轨在国家的支持下给予更多创造、创新上的优惠政策，让更多人能够有机会进行新一轮的创新，以及一些新兴产业、新兴业态的培育。

珠三角未来的发展优势就是不断创新，吸引更多高素质人才的到来，让他们在这里不受拘束，更大地发挥自己的创新能力，引领一批新兴产业，引领未来城市包括制度、服务、管理水平的提升。

彭澎：广州需走城市群发展道路

彭澎

广州第三城之争，原来的目标是深圳，后来转到了苏州，这两年又是天津，但是好像都没有现在这样感觉时刻要被超越。

城市、珠三角、省份三个层面同时感到这么大的竞争压力，这是前所未有的。现在广东21个地市中有13个市连全国人均水平都达不到。如今的发展，面临到底是改革的问题还是发展的问题，是改革滞后了还是发展遇到困境的问题。

我认为，前30年改革的红利，我们已经消耗殆尽了，因为你站在改革开放前沿已经30年了。全球化以及交通等方面的改变，根本不存在“沿海就前沿、内地就不前沿”这样的概念了。

广州要发展，只好走城市群发展道路，功能互补、一起发展，不是单个城市竞争，而要体现城市群竞争。广州应在里面错位发展，同时起到一定的引领作用，才能融入这个国际级城市群当中。

姚华松：广州应扩大民间投资

姚华松

广州未来的路怎么走，说得虚一些，可能还是要创新。我们现在进入改革开放深入期，需要广州重新作探索。

很早就听说佛山自己出钱来修连接广州的地铁，但是广州市拒绝，担心利益外流，这抑制了市场经济下要素基本流动的基本原则。

在城市自信的基础上，创建市场经济、国际化以及自由民主的氛围，我觉得是广州未来应该做的事情。

广州民间资本、藏富于民是很重要的特色，私人银行、风险投资、私人飞机、豪华游艇、航空管制等方面能不能让民间资本参与？现在政府没有多少的资金，城市建设资金的缺口很大，能不能在民间资本的权限方面做一点改革呢？传媒是广州的一个特色，我们有这么多热心的民间人士，我们有这么多发达的媒体，能不能打造一个南粤的传媒巨鳄，形成传媒高地？这也是非常重要的。

广州要发展，只好走城市群发展道路，功能互补、一起发展，不是单个城市竞争，而要体现城市群竞争。

传媒是广州的一个特色，我们有这么多热心的民间人士，我们有这么多发达的媒体，能不能打造一个南粤的传媒巨鳄，形成传媒高地？这也是非常重要的。

商裔：抢抓与金砖国家合作机遇

2013年，有没有哪一个事件有可能媲美当年入世战略机遇，关键就是四个字：金砖国家。新一届政府，

商裔

国家主席出访选择的路线就可以看到金砖国家在未来战略中的分量多大，最近总理也将出访印度。从金砖国家发展的空间来说，我认为与金砖国家的合作可以媲美2001年中国入世的那个战略机遇。从地理版图上看，金砖国家除了俄罗斯外，其他国家都在北半球南部或南半球上，从区位上看，我觉得珠三角比长三角、环渤海，比重庆、成都、武汉等都要有优势。

环渤海经济区就是海洋概念，那么华南应该是沿南海的经济区。这可以做成对话、交流、合作的平台，做成一个经济区，以此对抗长三角和环渤海。

丁力：广州最大优势是市场化活力

丁力

广州和天津的比较，以及广东和江苏的比较，其比较的本质是城市在中国经济发展中能否有一个更大的背景。

以固定资产投资为例，2010年广州固定资产投资全社会3000多亿元，当年天津是6500亿元。广州在做或已做的东西天津也做，但广州做不了的东西天津也在做，比如大飞机、大火箭。更重要的是，广州这些年的发展主要依靠外资力量，特别是汽车，而天津则是内外协同，特别是央企这几年对天津投入相当大。

珠三角经济一体化，什么是区域经济一体化？就是市场一体化、竞争一体化、资源配置一体化，绝对不是说领导坐在一张桌子上就是一体化了。

我们与天津是有实质性差别的，但是作为一个公认的中国最平民化的城市，广州最大的优势在于市场化的生机和活力。

观点撞击

未来发展在于吸引创新人才

关键词：创新

“现在其他省份给广东的经济带来挑战，最关键的是广东对于人的吸引力在下降。”宋劲松说，“广东需要第二次改革开放，甚至第三次改革开放，需要能够在30年来在开放中创造自己优势的传统上进一步开放，可以跟国际上的社会管理制度、经济运行制度、法律商务环境等更全面地接轨。这方面南沙可以说是未来的一片热土。”

宋劲松还提醒珠三角城市吸引人才时不要只盯住高校：“一个学校、一个地区的整体人才储备，最关键的是需要有一些引领型、创新型的人才带领。硅谷之所以能够成为世界最重要的创新中心，并不是因为学校多，而是因为那里有创新的土壤和机制，培育成就了苹果等世界级的大公司，真正形成产学研的创新链条。现在

一个学校、一个地区的整体人才储备，最关键的是需要有一些引领型、创新型的人才带领。

环渤海经济区就是海洋概念，那么华南应该是沿南海的经济区。这可以做成对话、交流、合作的平台，做成一个经济区，以此对抗长三角和环渤海。

深圳也初步具备了这样的环境，培育了包括腾讯等一批高新科技龙头企业。”

彭澎以广州为例，认为可以在自身城市特色上进行创新吸引人才。“广州要将传统的商贸业做成广东的服务品牌和标准，让人觉得全国最适合就业和做生意的城市，毫无疑问就是广州了。”

关键词：一体化

以前珠三角更多地是被人拿来与长三角对比，随着中国改革开放的深化，以天津为核心的环渤海经济区近年也迅速崛起成北方经济增长极。专家们表示，珠三角各市在新一轮区域竞争中也要尽力破除壁垒，加快一体化的步伐，与港澳联手一起打好珠三角这张牌，打造世界级城市群。

“珠三角9个地市是9个兄弟，是9根筷子，全部都是单枪匹马打天下就容易折断，捆在一起就不容易折断。”丁力如此形容珠三角一体化的重要性。

网友商裔则以广州、深圳、香港都想做区域金融中心为例，指出只要在珠三角一体化下做好分工也完全有可能。“穗深港一起做金融大饼，共同的竞争对手是来自城市群的竞争，包括佛山也在做金融后台，几个城市形成一个产业链，大家一起将饼做大，共同抵御更强大的竞争对手。”

宋劲松也建议珠三角一定要联手港澳，特别是香港这个世界级城市，一起打造大珠三角的城市群，它是可以成为世界一流的城市群。“大纽约的城市群，巴黎城市群、东京城市群等，这些世界一流的城市群目前在经济总量上比我们高，但是它们的规模、城市发展形态、内部结构等，都与我们有很多相似之处。”

商裔则留意到，环渤海经济区是一个海洋概念，珠三角面对着的南海对未来中国同样非常重要，可以珠三角为龙头主打南海战略的牌子。“面向南海几个省份，包括广东、福建、广西、海南，包括香港、澳门等，有没有可能通过更紧密的经济合作，或者是通过中央的制度性安排，或者是通过地方的联盟合作，形成一个类似环渤海那样的经济区？”

“珠三角9个地市是9个兄弟，是9根筷子，全部都是单枪匹马打天下就容易折断，捆在一起就不容易折断。”

声音

汇集民智提案民间　推动广东整体腾飞

南方日报社社长、南方报业传媒集团总编辑张东明

南方日报社社长张东明参与了围观会。他说，连续24年坐上第一经济大省位置、全省GDP占全国1/10强的广东能否又快又好地实现“两个率先”，不仅事关广东自身的经济社会发展，更关切到全国发展的一盘棋。南方日报特意推出专家网友围观会，组织专家学者和知名网友就珠三角、粤东、粤西、粤北等不同区域展开面对面的头脑风暴，就是希望汇集民智、提案民间，和大家一起问道求解广东城市发展和区域协调，推动广东加快发展、实现整体腾飞。

通过这种双城际会的报道，进一步推动广东思考如何深化珠三角的引擎带动作用、培育粤东西北的区域发展增长极等重要命题。

“双城会”报道及专家网友围观献策会，就是要调动全社会对区域发展的关注，让每个人都能通过各种形式参与到互动讨论中。如果说报道构筑了一个平台，那么只有吸引越来越多的人汇聚于这个平台，才能真正形成推动社会进步的力量，才能让每个城市都拥有荣光和骄傲。

张东明表示，读城是读城之精神，我们希望通过这种双城际会的报道，进一步推动广东思考如何深化珠三角的引擎带动作用、培育粤东西北的区域发展增长极等重要命题。特别是在珠三角人均GDP超过1万美元之际，粤东西北12个城市人均GDP在全国平均水平之下，区域发展不协调正成为广东实现“两个率先”短板的背景下，我们更希望“双城会”能够成为一星火苗一条引线一个机簧，触发全省上下新一轮区域大发展的燎原之势，寄望未来真正能走出“最富的地方在广东，最穷的地方也在广东”的尴尬。

围观

在围观献策会上，南方日报官网——南网做了即时文字实录，吸引了来自四面八方的网友围观。

@刘国琴琴：每个地方都有自己的独特之道，也都有自己懦弱之处。这是无法杜绝的事实，实事求是最重要。

@张仁瀚：要说广州有迷失，迷失的是：岭南文化、岭南风貌、岭南风情。广州历史上的经济文化特征是民富官助，千年海上丝绸之路的辉煌成就，就是见证。

@gz那时的风：GDP确实过时了，广州真要统计也肯定超天津。可惜这些年广州的发展有些茫然，环境是好了一些，福利是高了一些，但啥都只是一些，这与广州的地位很不相符！广州要坚持开拓，要更有远见，这个需要中央选派一些真正有实干和有魄力的人！而且，中央要坚持广州开拓发展，广州的官员才有干事的底气！

@中下平民ZH：广州和深圳已经发展很深远了，再上一台阶性发展的动力已不足，往后应重点发展珠海，带动广东西南部发展，使三个角互相惠利，互相竞争，才能提高广东经济实力，从而带动广东整体发展。

@Dee呀就是序号化：发展从来就是个难题。从基础做起，制度完善做起，监督法制做起。没有保障，就没有发展。有保障，有制度，自然会发展。

（南方日报记者　黄颖川　谢庆裕　实习生　林小玲）

读城是读城之精神，希望“双城会”能够成为一星火苗一条引线一个机簧，触发全省上下新一轮区域大发展的燎原之势，寄望未来真正能走出“最富的地方在广东，最穷的地方也在广东”的尴尬。

粤东篇：粤东如何冲破阻碍再出发?

汕头经济特区在成立之初，其发展水平与同期特区深圳、厦门和珠海并无二致。然而，30多年过去了，包括汕头在内的整个粤东地区与珠三角相比，显然已有差距。

有观点认为，汕头特区的三次“工业化”均未完成，错过了一次次发展的大好时机；也有观点说，汕头特区定位不甚清晰，路径不明导致其落后；更有甚者，指出汕潮揭“兄弟分家”、各自为营，成为粤东发展的最大壁垒。

当下，在广东新一轮区域协调发展、新型城镇化的大潮中，汕头如何在“建设汕潮揭城市群，打造粤东经济增长极”的新机遇中加速崛起？粤东地区要如何冲破重重阻碍，紧跟珠三角发展步伐？在南方日报举行的“双城会”专家网友建言围观会粤东专场上，来自各方的专家和知名网友齐聚一堂，为粤东发展建言献策。

嘉宾（排名不分先后）

王珺：广东省社会科学院党组副书记、副院长

李鲁云：广东省人民政府发展研究中心党组成员、副主任

陈鸿宇：省政府参事、省委党校教授、原副校长

贡立华：知名网友

厦门浪：知名网友

杨馥铭：知名网友

金心异：深圳市政协委员、知名网友

主持人

牛思远：南方日报记者

在广东新一轮区域协调发展、新型城镇化的大潮中，汕头如何在“建设汕潮揭城市群，打造粤东经济增长极”的新机遇中加速崛起？粤东地区如何冲破重重阻碍，紧跟珠三角发展步伐？

观点撞击

话题1：汕头是“缺爱受气”的特区？

深圳、厦门、汕头同时成为特区，但如今，三座城市已形成三个梯队。有人说，深圳是全国在办特区，厦门是全福建在办特区，而汕头是自己在办特区。谈到汕头与厦门的对比，身为汕头人的省委党校教授、原副校长陈鸿宇教授认为这是个沉重的话题。

“傅高义在《先行一步，改革中的广东》一书中，说到与其他特区相比，汕头特区是一个‘受气的小兄弟’。特区面积太小，投入少。与深圳珠海不同，在20世纪80年代，汕头经济特区仅仅是汕头市区划出来的区域，只有1.6平方公里，就是一个出口产品的加工区。”

在陈鸿宇看来，厦门是集中福建全省资源办特区；然而，汕头却没有这样的“母爱”，也没有像深圳、珠海那般受到全国、全省的关注，更不用说得到大量资源投入了。如此反差就显得整个汕头，乃至粤东地区本身发展的滞后。

“现在最大外部支持，首先必须将小兄弟的这种受气感觉去掉。真正关注粤东发展，要像抓珠三角发展规划纲要一样有领导小组，有专门的机构去抓。对粤东的各市要一市一策，有针对性地解决问题，在政策上必须给粤东更多的关心，包括土地、融资、大项目布点、粤东专业镇以及民营经济发展问题。”陈鸿宇说。

但知名网友厦门浪指出，厦门也并非完全依赖于母爱成长起来的。“1993年我到厦门工作，厦门户籍人数不到50万人。而且那个时候特区起步也特别小，湖里工业区面积比汕头特区更小。当时大家对特区没有什么感觉，早期汕头还真是强过厦门的，民间富裕程度更是不用比了。”

“其实，早期在厦门办特区是比较窘迫的，因为特区定位是对台，但台湾不是想对就可以对的。20世纪90年代大陆和台湾关系非常紧张，差点要打仗，台商要过来投资都是偷偷摸摸，先转到香港，再以港商的身份来厦门。”厦门浪说。

厦门浪说，厦门在远华案后能迅速翻身，关键在于城市发展的定位准确并把握住机会，清晰的宜居“岛城”定位，使厦门当年在面对投产就能把厦门的GDP翻一番的石化项目时，政府官员和民间联手将它赶出去了。大家还是爱护这个城市独特的天然资源，最后实际上是淡化了特区的概念，反而发展了人文传统，使厦门成为宜居、温馨、人人向往的城市。

话题2：汕潮揭一体化未形成合力？

有网友也在反思粤东发展问题时提出，各市之间功能定位同质化是很大的问题，与“厦漳泉一体化”的风生水起相比，汕潮揭“分家”后各自为营，未形成合力。在建言会上，就“汕潮揭一体化”能否成为粤东崛起新引擎的议题，专家和网友进行了热烈的讨论。

厦门浪认为，原来的汕头一个地区分成3个市，各自特色不明显，定位不清晰，又缺乏产业基础，到头来还是争夺区内有限的资源，没有实现互补促进的良性循环。“汕潮揭都在争做老大，但是闽南厦漳泉城市群就不一样。在城市定位中，漳州发展工业闯劲十足，成为中国体育用品的首选之地，并从花卉、茶叶开始发展新农业，使之成为漳州的拳头产品；泉州则是港口经济发达，厦门则以宜居环境及教育资源见长，泉州人很认同厦门的人文生活环境，孩子的教育和生活都愿意放到厦门。”厦门浪说。

各市之间功能定位同质化是很大的问题，与“厦漳泉一体化”的风生水起相比，汕潮揭“分家”后各自为营，未形成合力。

在厦门浪看来，厦门、漳州、泉州互相不抢资源，竞争关系也不激烈，大家处得就像是同宗兄弟，各有各的定位和发展。

金心异表示，厦门实际上还充当了闽南金融中心和服务中心，享受了整个闽三角的财富二次分配红利。“比如，泉州一直是福建省第一经济大市，但泉州的人赚钱一定要去厦门住，二次分配时将很多财富带到厦门，这一点是我觉得它现在比汕头发展好的重要因素。”

陈鸿宇说，从粤东的工业化进程看，潮汕的工业化，不是靠国企拉动，而是靠大量民营企业所组成的专业镇和产业集群形成的，如澄海玩具、潮州陶瓷等。对比潮州和泉州，金心异强调，泉州是国内民营企业最发达的城市之一，而且涌现出很多有规模的龙头企业，潮州也有很多民营企业，比如说纺织、服装、陶瓷等，潮州在壮大民营企业这方面还有很大提升空间。

金心异认为，汕潮揭一体化必须有大动作不可，他甚至提出大胆的设想：通过轨道交通线将三个城市连为一体。

话题3：汕头发展慢源于制度建设？

“潮汕文化”时常被解读为汕头落后于厦门的原因之一。现场，专家和网友就汕头落后于文化还是制度各抒己见。

“汕头发展缓慢的一个重要原因就是制度建设。”王珺的观点直截了当，“汕头有很多乡贤，这些在外面成功的大企业家，回家乡的投资一般都集中在慈善、教育领域。为什么别的地方的乡贤回去都是做投资，而汕头的乡贤都是回去做慈善呢？我打个比方，比如说我在泰国、马来西亚做生意赚了钱，拿一笔回汕头投资，但是亲戚朋友都不敢解雇，最后演变成了熟人经济，导致乡贤不敢在汕头投资，所以干脆办一个学校算了。”

这点从深圳、厦门、汕头的人口结构都可看出，“深圳是个移民城市，厦门人口规模从40万本地人发展到200万总人口，外来人口比例不断上升，这就形成了一个可持续发展的制度基础。反观汕头，500多万人口中基本都是本地人”。

对此，陈鸿宇表示认同。“制度问题非常重要，其中最核心的就是制度建设。制度建设的核心，我觉得就是政府和市场的边界问题。”有人将汕头发展落后归结为文化因素，陈鸿宇反驳说，其实潮汕文化就是闽南文化，没有多大区别，做生意的习惯都一样，连说话都差不多，喝工夫茶也一样，但两地发展的差异确实值得我们深思。

陈鸿宇认为，作为特区，汕头不是全面制度创新的先行者，相反它落后于深圳、厦门等特区。而被当年的走私、逃税等案件带来的负面影响又使得资本纷纷撤离汕头，导致少数人犯错，整体受害。在别人经济起步发展的关键时期，用广东省人民政府发展研究中心党组成员、副主任李鲁云的话来说就是“机不可失，时不再来”，而用金心异的话来说则是现在的潮汕地区已经错过了上一轮国际产业转移的主浪潮。

在李鲁云看来，潮汕地区一直没有找准定位，而且将大潮汕从地域上一分为四，也是导致今天发展落后的一个原因。本来潮汕地区是一个大行署，一家人过日子都是心往一处想、劲往一处使，一分为四就将同向关系变为竞争关系，谁都想当龙头，资源被分割。

“此外，从1984年开始，14个沿海城市纷纷开放，1988年以后广东省全省对外开放，再加上海南、上海等开放，使得特区的政策已经弱化，与深圳拥有深厚政治资源不同，汕头在政策弱化之后就没有了比别人更特的地方了。”李鲁云说。

深圳是个移民城市，厦门人口规模从40万本地人发展到200万总人口，外来人口比例不断上升，这就形成了一个可持续发展的制度基础。反观汕头，500多万人口中基本都是本地人。

精彩观点

王珺：制度要和机会结合

王珺

汕头发展缓慢的原因就是制度，要建立一套适用于所有人的规则。汕头有很多乡贤，为什么别的地方的乡贤回去都是做投资，而汕头的乡贤都是回去做慈善呢？因为“熟人经济”在起作用，导致乡贤不敢在汕头投资。

深圳的成功在于把握了制度和机会。作为移民城市，深圳有制度保障，同时抓住了三次机会。一次机会是20世纪80年代，第二次机会是1992年邓小平视察南方，第三次机会是香港回归，大量的投资，国家各部委的投资，带来了深圳的发展。一个地区的发展一定和机会联系在一起，但是什么样的人能够抓住机会呢？能不能可持续发展？只有制度和机会结合，才能形成一个区域可持续发展的长远动力。

李鲁云：政府放权顺势而为

李鲁云

2013年开始，省委、省政府出台一系列措施，比如促进大型骨干企业增强经济活力和规模、全省基础设施大会战、粤东西北地区城区扩容提质等等。同时，省里也在酝酿出台粤东西北振兴发展的政策。一系列的决策陆续出台，其实重点就是加快推进粤东西北地区振兴发展。从政府的角度分析，我认为权力要从“集中”走向“分散”。我觉得更大的问题是怎么样理顺政府与市场的关系，特别是政府要顺势而为，怎样管好你自己应该管的问题。

只有制度和机会结合，才能形成一个区域可持续发展的长远动力。

陈鸿宇：希望看到更多“干货”

陈鸿宇

粤东已经纳为海西经济区的范围，但实际上，粤东并未从中得到多大实惠。这样一来，粤东地区既够不上珠三角，又够不着海西经济区，在夹缝中发展肯定会落后。我认为，一些基础的问题必须处理好，比如交通网络建设等等。这些年，潮汕地区走出了一条和珠三角不一样的道路，这点还是要肯定的。在缺乏“母爱”的情况下，尽管从中央到地方关于汕头、粤东发展的文件都很多，但是，还是希望能看到更多“干货”，比如对一些债务的减免。

粤东地区既够不上珠三角，又够不着海西经济区，在夹缝中发展肯定会落后。

杨馥铭：软实力必须跟上

包括汕头在内的粤东地区要发展，软服务一定要跟上。汕头本地的发展要从小处做起，把规则定清楚，

杨馥铭

告诉别人规则是怎样的，这样才能把人力变成地利，否则就是糨糊了。现在粤东西北最大的问题，就是“大门开着，小门关着”。去那几个地方做生意的人都清楚，说是欢迎你去做生意，但是你一旦进来，每一个部门都有一套想法，都可以卡死你，最后让你“玩不成”。另外，省、市联动要紧密，相互被造与自造，不要坐等上面的政策；要自造，当出台了政策，可以马上拿方案对接。同时，各项建设要打通，要用足制度优势、政策优势以及建设成效。

贡立华：跳出广东看粤东

贡立华

现在我们经常讲“粤东”这个概念，讲久了它就在广东被边缘化了，而资源不会流向被边缘化的地方。可以转换个视角，从全国大格局看粤东，从中国开发南海的战略看，汕头和厦门两座城市正好处于中国东南沿海半壁江山的两个核心点。我们可以不要把眼光局限在广东发展的问题上，而是放眼整个中国。如果站在这个角度，将来的汕头就不是广东的粤东，而是东南沿海的中心。从这个角度看，无论是“汕潮揭”还是“厦漳泉”，未来发展的潜力都非常大。

厦门浪：做好海洋经济文章

厦门浪

粤东的发展要与海洋经济发展紧密联系起来，我们知道发展海洋经济离不开海洋、水、环境、土地的承载，而潮汕地区天然就是南海战略的承接腹地，处于东海、南海的连接点，这一定是粤东发展的大方向。东南沿海这么长的海岸线，两个城市群背后这么大的能量，怎样做好海洋经济的文章，值得我们深入讨论。当我省把海洋战略提到一个高度，潮汕地区的发展后劲就不得了了。

从全国大格局看粤东，从中国开发南海的战略看，汕头和厦门两座城市正好处于中国东南沿海半壁江山的两个核心点。我们可以不要把眼光局限在广东发展的问题上，而是放眼整个中国。

潮汕地区天然就是南海战略的承接腹地，处于东海、南海的连接点，这一定是粤东发展的大方向。

金心异：粤东活力在民间

金心异

潮汕地区发展基本上靠市场自发力量，走出独特的工业化道路。粤东的专业镇值得肯定，在城市周边的乡镇培养出一批市场主体，它们将成为粤东未来制度建设的基础，因为他们懂得市场。总言之，汕潮揭三市分拆以后，规划必须有更高一层的统筹，打破行政边界，让市场自由地延伸。民间力量必定成为未来粤东再次崛起的中流砥柱。

围观

在网络建言围观会上，南方日报官网——南网做了即时文字直播，吸引了来自四面八方的网友围观。

@linyu11：汕头PK厦门=不敌，知耻而后勇！寻求变身！汕头海内外华侨众多，商贾巨头遍布世界，侨乡优势却多年未见发挥。政府应当优化投资环境、引进侨资侨力，改变家乡只做善事、不投实业的现状。前些日子媒体报道的华侨文化合作试验区听起来不错，看准了就要干！特区有试验权，干好了就是范本，再造一个汕头的黄金时代不是没有可能。

@老老姿娘：汕头与厦门已经是不同等级之间的比较了，厦门的很多经验值得汕头学习，但最重要一点是对机遇的把握和利用。机遇总是给有准备之人，汕头要抓住当前经济加快发展、产业转型升级的机遇，化后发为优势，充分利用高端产业、高端人才对城市生态的更高要求，打牢生态文明基础，抢占高端产业前沿，走出一条可持续的发展之路。

@st狼外婆：外出打拼多年，家乡的变化仍时刻牵动着我。在外的潮汕人其实是很抱团的，希望家乡的汕、潮、揭能早日实现同城化，老百姓们常往来串门、城市间能联手发展，不分彼此、抱团发展，政府获利、百姓得益。

（南方日报记者　高国辉　唐柳雯）

粤西篇：后起追赶，粤西靠资源更靠改革

粤西，是地理学范畴，并不是规范的经济区域。粤西是一个文化区域，而非一个行政区域。湛江、阳江、茂名、云浮，4个地级市组成了普遍意义上的广东省西部地区。

粤西地区自然资源优势明显，然而，如今却面临着发展不足的困境。数据显示，粤西有的城市人均GDP都达不到全国平均水平。

共处一个大的区域，在资源、产业选择和发展水平方面有着共通之处，4个地级市除了要区域协调发展，内部也面临着竞争和合作关系，如何取长补短、抱团发展，当前又有哪些优势和劣势？在昨天的粤西专场网络建言围观会上，来自官方、学界的专家及知名网友齐为粤西发展建言献策。

粤西地区自然资源优势明显，然而，如今却面临着发展不足的困境。

共处一个大的区域，在资源、产业选择和发展水平方面有着共通之处，4个地级市除了要区域协调发展，内部也面临着竞争和合作关系，要取长补短、抱团发展。

嘉宾（排名不分先后）

谭同学：中山大学社会学与人类学院副教授、中山大学华南农村研究中心研究员

刘愿：北京大学经济学院经济学博士，华南师范大学经济与管理学院副教授

朱正国：九三学社云浮支社主委、云浮市地方志办公室主任

刘国军：湛江市委党校教授，知名网友

黄岩：华南师范大学公共管理学院副教授，知名网友

王少杰：湛江市政协委员，华南理工大学博士后，知名网友

观点撞击

话题1：粤西有哪些资源优势？

“粤西的土地资源是珠三角地区完全无法比拟的。”谭同学说，但是在土地资源的使用方面，国土资源厅对建设指标的使用对粤西不利，因为它将绝大多数建设用地下的城镇工矿这一类型的用地指标基本上全部给了珠三角，粤东西北基本没有指标。

“珠三角地区的土地城镇的资本量过多，不仅不利于促进一些产业转移到其他一些地方，其实也不利于珠三角自己本地经济的发展，政府的财政过度依赖收土地租金，对发展不利。”他认为，一方面希望政策能给予粤西等地区一定的平衡，另一方面还需要按照国家的政策实施一些新的措施，“比如说对旧村进行改造，置换出相应的土地指标”。

谭同学还指出，除土地资源之外，粤西还有丰富的矿藏资源、生态环境资源等其他资源良好的生态环境。相较于先发展起来的珠三角地区，粤西可以在经济发展过程中更好地与环境相协调。比如在农业经济上体现，可以经营和开发高端产品，例如绿色、有机产品。“这在珠三角地区，有

非常大的潜在市场，但是单家独户的农民很难做到，需要形成品牌经营。”

刘愿也补充说，粤西不同的地市甚至不同的县，都有一些资源上的优势。“湛江在钢铁工业上有相当的基础，此外还有海港优势。其他地区也多有自然资源。广宁、怀集等有很多竹子，这些都是原料，怎么深化加工、怎么增加附加值，需要进一步形成产业链。”

王少杰则认为，粤西特别是湛江的区位优势非常明显，“湛江的地理位置非常好，湛江在宋朝时是非常重要的海上贸易港，是海上丝绸之路的重要起点，还是很重要的南方茶马古道。”

但他指出，粤西特别是湛江和茂名对自己的定位不清楚，造成了目前发展的困境。“现在粤西还是放在广东的范围内界定，这是没有前途的。如果这样的思路，湛江再放两个宝钢也没有用，因为这是站在小的范围来规划湛江。”

他建议，应该要将粤西放在北部湾战略意义下进行定位。“‘东盟10+1’的合作机制形成的时候广东不参加，如今相当于广西主导，将湛江和茂名边缘化了。”如果能在国际视野中规划粤西，在“东盟10+1”的高度和视野基础上对粤西定位，粤西未来的发展潜力很大。

刘国军也认为，要敢有目标，发展才会有动力。20世纪“50年代周恩来总理说‘北有青岛，南有湛江’，

除土地资源之外，粤西还有丰富的矿藏资源、生态环境资源等其他资源和良好的生态环境。相较于先发展起来的珠三角地区，粤西可以在经济发展过程中更好地与环境相协调。

湛江的目标要更高一些，向青岛学习，这样发展的动力就会更足，前景也会更好”。

话题2：制约粤西发展因素有哪些？

广东的经济总量全国第一，但是人均总量排名并不靠前，珠三角很发达，而粤西、粤北，包括粤东，这三个区域经济发展相对落后，这也正是政府提出双转移、加速东中北这三翼发展的重要原因。

“加速粤西发展，很重要的渠道和路径是加快基础设施的建设和投资。”刘愿率先指出发展的软肋，“基础设施包含两个方面，一是硬的基础设施，例如交通等有形设施，另一方面是软的基础设施，例如教育、医疗、卫生等无形设施，目前广东省基础设施水平，和整体经济发展速度是完全不匹配的。”

这点从两组数据可以看出。从小学到高校，2011年广东的学生和老师的人数比是21.9，相当于22个学生对1个老师。在全国31个省（直辖市）中广东排名第11，在人均教育投入上广东要低于甘肃、山西、福建、安徽等多个省份。

从作为硬设施的公路建设来看，2011年广东约每1万人里只有0.48公里的高速公路，全国从低到高的排名中，广东位列第7，低于重庆和福建。刘愿至今对2007年的山东之行印象深刻，因为他发现尽管山东经济总量低于广东，然而公路建设似乎比广东好很多。众所周知，珠三角的基础设施并不落后，之所以省内总体人均公路较低，主要原因在于包括粤西在内的落后地区。

“没有基础设施作为保障，区位优势有可能是劣势。”湛江市委党校教授刘国军对此颇有感触，历史上的湛江在宋朝时是非常重要的海上贸易港，是海上丝绸之路的重要起点，还是很重要的南方茶马古道，“如今广州到武汉只需要3个小时，南宁到广州将来也是3个小时，而作为全国15个交通枢纽中心之一的湛江，目前的五条交通线却都属于劣势。”

基础设施也包括软环境，在刘国军看来，这是制约粤西发展的最大软肋，抓好社会治安和改善经济环境是吸引资本的先行因素。对此，谭同学表示认同。“中国的经济发展，相当程度上不仅仅是公共资本的力量带来发展，民间资本也占至少1/3。民间资本不愿意到粤西，投资环境是重要因素。”

基础设施上区域差异的形成有着经济发展的历史原因，“珠三角率先发展，就会有先行优势，任何东西都是会扎堆的，包括对基础设施的利用也是如此，相比较而言，对粤西的基础设施投入，效率非常低。”

目前省委对粤西基础设施建设已经在加强，朱正国认为，这为粤西潜在的后发优势成功转化提供了希望。

从历史看，珠三角率先发展，就会有先行优势，任何东西都是会扎堆的，包括对基础设施的利用也是如此，相比较而言，对粤西的基础设施投入，效率非常低。

目前全省正加快粤东西北基础设施建设，这为粤西潜在的后发优势成功转化创造条件。

话题3：粤西产业应该如何选择？

传统农业，钢铁石化等工业，劳动密集型制造业，还是海洋产业？建言会上，面对粤西发展的产业选择，专家学者们进行了激烈的探讨。

“惊天动地拉动，铺天盖地辅助，脚踏实地规划。”刘国军用形象的“三地结合”为粤西发展支招。在他看来，钢铁、石化等大项目是很重要的，其次是中小项目等配套产业。

而黄岩对此并不看好，黄岩认为作为央企的中石化、中石油对地方税收益处不大，而地方政府更多看中的是配套，这可能会带来非常严重的生态问题。

湛江市政协委员，华南理工大学博士后王少杰对此也有所担忧：“湛江市这两大项目做下去，湛江市25公里范围内的近海水体可能彻底变了，而深海排污，管道投资建设也耗资巨大。”

对此，王少杰认为，基于湛江、茂名、阳江都在海边，粤西的最大优势是发展海洋产业，这一方面可以实现后起直追，“湛江的两大项目都是传统产业，在这两个行业里发展实际上缺乏发言权，然而海洋产业在全国发展的起点几乎相同，青岛、宁波、连云港等也都处于起步阶段，对湛江而言，只要将教育资源整合转化为当地的产业优势，将有助于发展。经过5年、10年，海洋产业就可以培育起来。”

发展粤西经济，黄岩看好的是产业转移，“为什么顺德家具产业、虎门的制衣业不能向粤西转移呢”？在他看来，在人口高密度的粤西，劳动密集型产业的迁入对解决剩余劳动力的问题依然很有效。

而在产业选择上谭同学瞄准的是以工业来拉动农业，其中最重要的是对低附加值的产业进行升级。他举了个例子，云浮和肇庆都种植了肉桂，肉桂在全世界主要有两个产区，中国是云浮到梧州这一区域，另外就是越南。湖南人做红烧肉喜欢用肉桂，另外肉桂也是法国香水的重要原料之一。

“现在我们主要用来卖树皮做菜，另外就是将叶子用简单的蒸汽加工，之后流出来的桂油便宜卖出去，而运到上海加工之后形成桂醛，价值翻了好多倍。这样的加工可以考虑由本地区来完成。”

谭同学认为在此基础上，云浮以及肇庆其他的几个以农业为主的县，如果能生产出达到绿色标准的产品，直接满足珠三角需要，就能形成某种分工，对经济发展有很大促进作用，也可以使农民实现致富。

朱正国对此做了补充，他指出，农业发展很有前途，在种植上，大家可以自发推广，而农产品生产集中造成的后期市场问题，则可以通过政府协助解决，在这一问题上他认为可以通过大范围内推广农业保险来实现。

粤西最近十年来吸引了不少人才，但最终出现人才流失，发展到今天，粤西事实上变成了珠三角的人才培训基地，成为外来务工者进入珠三角的跳板。

话题4：人力资源成粤西发展瓶颈？

“发展为了人，发展依靠人，发展的核心是人。粤西要发展，必须大力实施科教事业。”王少杰指出，粤西几大地级市在区域合作方面受益并不明显，反而由于产业重复造成了竞争，这是因为20世纪80年代以来，粤西地区缺乏切实可行的区域人力资源规划。

他分析认为，湛江2012年实施了地方性的事业单位改革，而在工资方面实行的一些政策明显对吸引专业技术人员不利，为招商引资、招商引智带来困难。

粤西最近十年来吸引了不少人才，但最终出现人才流失，发展到今天，粤西事实上变成了珠三角的人才培训基地，成为外来务工者进入珠三角的跳板。“人才缺乏造成的后果是产业规划无法跟上，特别是湛江正在进行的石化项目和钢铁项目，呈现了政府层面的人力资源无法与项目匹配的缺陷。”

他进一步分析认为，湛江的两大项目都是传统产业，在这两个行业里粤西作为后方地区其实缺乏发言权。而湛江、茂名、阳江都在海边，最大优势就是发展海洋产业。在发展海洋产业方面，湛江高等教育资源基础好，有三所高校，特别是有中国两所海洋类的院校之一的广东海洋大学。“但是湛江没有将海洋大学的优势成功转化，没有明确的人力资源规划，造成当地的产业和人力资源无法匹配。”

谭同学也指出，湛江及其他广东地区的高等教育学生数量多，但是绝大多数培养出来的劳动力不适合当地经济需要。目前产业发展仍需要大量技术工人，但如今的职业教育却办得与综合教育一样，学生上不了生产线。“换句话来讲，我们培养出来的人是这种经济结构的废人。”

刘国军对此表示赞同，他说在从事干部教育工作中发现，现在领导干部中改革的积极性弱化、改革的目标已经疲惫化。“粤西地区这几年吸引了很多人才，但最终流失率很高，需要上下联动进行反思。”

来自江西、如今在湛江工作的知名网友黄岩以家乡的发展对比粤西，认为湛江的干部队伍建设有待提高。他说，产业转移对江西省的改变非常大，珠三角的专业镇转移过去，在江西赣州形成了“小厚街”、“小顺德”。“为什么顺德家具产业、虎门的制衣业不能向粤西转移呢？”

黄岩认为，产业转移成功与否跟干部有关。在江西赣州，干部招商引资的压力非常大，冲劲也非常大。“如今在我江西老家，剩余劳动力几乎已经找不到了，残疾人也可以成功就业，当地干部的任务由招商已经转化为招工。在这个过程中，干部冲劲很重要。”

话题5：如何看待区域发展不平衡?

朱正国认为，广东区域发展不平衡，有其合理性，同时也与经济模式有关。“珠三角一旦发展起来，就会有先行优势，基础设施的效益也会更高，相比而言在西部基础设施建设的效率比较低，而劳动力自由流动则减弱了产业转移的可能性。”

他指出，广东引进外资、港资，市场、技术、资本在外，劳动力在内地，土地在珠三角，这样的要素组合模式决定了资本必然是在沿海珠三角一带聚集。只有这样，才能够达到最高的效率，这是资本的逐利性决定的。如果模式没有大的变化，资本很难向内地扩展。“珠三角的经济密度到很高的时候，真正要转型，才会开始呈现往外扩散的迹象。”

相比于世界上几大沿海产业带，广东沿海产业带目前的密度还是相当低的，包括人口密度都不够。

据此，朱正国提出，相比于世界上几大沿海产业带，广东沿海产业带目前的密度还是相当低的，包括人口密度都不够。如果说珠三角的产业要转型升级，可以先使珠三角到达一个新高度，然后就可以扩散到外围一些的地方，比如说云浮的东部，环珠三角一带。

“区域发展不均衡是经济规律，不等于不合理，也不等于不公平。”朱正国认为，不均衡发展是有效率的发展，是符合市场经济规律的发展。这需要我们有深化改革，最大的改革就是财政体制改革，“按照政府的财政来算，人均支出的差别不要太大就可以了”。广东更加应该先行一步，将整个广东看作是一个大平台，让企业自由选择自己能够赚钱的地方。

刘愿对此则提出了不同的观点，他认为，差距是合理的，可能是客观存在的，但是可能不全部是合理的。他说："我们不是要求一味地完全等同，也不可能完全等同，但是，在基础设施投入方面，它是一种公共物品，政府可以加大投入。"他表示，有人说西部建高速公路可能不比在珠三角建的高速公路经济效益高，但是在财政相对不足的时候，作为公共物品，需要财政倾斜加强在粤西的基础设施建设。

精彩观点

谭同学：粤西应加强职业教育

谭同学

在软环境方面，主要是职业技术教育问题。湛江及其他广东地区的高等教育从学生数量来说不错，但是绝大多数培养出来的劳动力不适合当地经济需要，换句话来讲，我们培养出来的学生，跟一个高中毕业生或者一个初中毕业生做事情相比，没有太大的区别。我们将职业教育办得和综合教育一样，导致培养出来的学生到工厂不能上生产线。现在要提高产业结构级别，但是它需要一个过程，还有就是需要大量技术工人。现在很多同样的东西，同样的钢材、同样的机床，日本工人做出来的和我们工人做出来的就是不一样，差距比较明显。

朱正国：区域发展不平衡不等于不合理

朱正国

广东区域发展不平衡，有其合理性的，同时也与经济模式有关，我们引进外资、港资，市场、技术、资本在外，劳动力在内地，土地在珠三角，这样的要素组合模式决定了资本必然是在沿海珠三角一带聚集。只有这样，才能够达到最高的效率，这是资本的逐利性决定的。如果模式没有大的变化，资本很难向内地扩展。珠三角的经济密度到很高的时候，真正要转型，才会开始呈现往外扩散的迹象，这样的情况下才会有今天所说的云浮提前修高速、修高铁。

我们引进外资、港资，市场、技术、资本在外，劳动力在内地，土地在珠三角，这样的要素组合模式决定了资本必然是在沿海珠三角一带聚集。

刘愿：基础设施建设先行

刘愿

从经济学角度来看，区域发展规划要明确“缺什么”和“有什么”。首先是缺什么，广东的经济发展、区域之间不平衡，很重要的渠道和路径是加快基础设施的建设和投资。

基础设施包含两个方面，一是硬的基础设施，例如交通等有形设施，另一方面是软的基础设施，例如教育、医疗、卫生等无形设施，目前广东基础设施水平，和整个经济发展速度是完全不匹配的。

王少杰：大力发展海洋产业

王少杰

粤西的地市主要竞争在于产业重复，在同一区域内，无法形成产业的合作，反而是竞争。

20世纪80年代以来，粤西地区缺乏切实可行的区域人力资源规划。如果不能将产业规划与本区域的人力资源相匹配，地区发展过程中容易出现问题，缺乏后劲。发展为了人，发展依靠人，发展的核心是人。区域规划的落实离不开人力资源的支持，粤西要发展，必须大力实施科教事业。

黄岩：产业转移需要提高干部“冲劲”

黄岩

发展粤西经济，须旧话重提产业转移。以江西为例，产业转移对该省的变化非常大，在江西赣州有“小厚街”、“小顺德”，这是将珠三角的专业镇转移的结果。为什么顺德家具产业、虎门的制衣业不能向粤西转移呢？原因在哪里？产业转移成功与否跟干部有关。

如果有绿色农业当然非常好，但是如果没有，在人口高密度的粤西，资源土地非常有限的情况下，如何成功实现产业转移，可以借鉴江西经验。如今在我江西老家，剩余劳动力几乎已经找不到了，残疾人也可以成功就业，当地干部的任务由招商已经转化为招工。在这个过程中，干部冲劲很重要。

发展为了人，发展依靠人，发展的核心是人。区域规划的落实离不开人力资源的支持，粤西要发展，必须大力实施科教事业。

刘国军：粤西发展动力在改革

广东、珠三角发展到今天，是改革开放的成功写照。粤西地区之所以现在落后，归根到底，是改革不到位、改革滞后、改革不彻底。粤西的发展可以总结为4句话。

刘国军

第一句话，三地结合，即惊天动地拉动，铺天盖地辅助，脚踏实地规划。第二句话，软硬兼施。硬环境和软环境的发展都是相对的，没有基础设施作为保障，区位优势有可能是劣势。第三句话，上下联动。作为一个在粤西工作的外地人，我认为粤西在某些方面被边缘化的倾向实际上是存在的。粤西各个市、各个地区要根据自己的实际情况，创造性地开展一些具体有效的行动。粤西地区这几年吸引了很多人才，但最终流失率很高，需要上下联动进行反思。第4句话，一改到底。

围观

@养生堂-堂主：粤西素来不乏能人，但光靠上面政策扶持、扶贫，自身整体综合素质不提高，尤其治安环境，各种陋习例如赌博等等，也是空话。环境留不住人才，筑巢引凤功夫未到家，怎扶？粤西本身天然条件不差于他人，大环境搞好了才是硬道理。

@Heny-YUXIU：茂名信宜总是被忽略，之前官员问题，发展不起来，现在这一问题得到解决，但是广东新一轮重点扶贫21个县，居然没有一个是粤西的，失望。说好通往信宜的高速公路呢？荒废好久了。还有教育、医疗等问题，很落后啊！

（南方日报记者　李秀婷　徐滔　实习生　梁坤）

粤北篇：绿色经济能否成粤北崛起的法宝？

粤北，不仅仅是个地域概念。除韶关外，梅州、河源也处于粤东北，三地最大的共同点就是“绿”，绿水青山、风土人情较为相似。生态崛起、绿色经济、绿色发展，都是三市经济发展的关键词。这三市该走什么样的绿色经济崛起之路？其中又有哪些问题亟待解决？在南方日报“双城会”之粤北专场网络建言围观会上，基层官员、学界专家、知名网友共聚一堂，为粤北发展建言献策。

有专家认为，绿色经济见效慢，从短期看似乎与经济快速发展相矛盾，从长期看却是一个地方持续发展的机遇和源动力，并建议“地方领导要有将政绩留给下一任的魄力”。

有专家认为，绿色经济见效慢，从短期看似乎与经济快速发展相矛盾，从长期看却是一个地方持续发展的机遇和源动力，并建议“地方领导要有将政绩留给下一任的魄力”。

嘉宾（排名不分先后）

周林生：广东省综合改革发展研究院执行理事长

杨贵宏：梅州市旅游局副局长

李启华：广东华南经济研究院区域与产业经济研究

所副所长

谷正中：21CN副总编辑

杨馥铭：知名网友

刘尧：知名网友

韦双喜：知名网友

王瀚：知名网友，华南城市研究院生态环境与低碳城市研究所所长

主持人

张学斌：南方日报记者

观点撞击

话题1：绿色经济能否担当起支柱产业？

绿色经济包罗万象，要求产业发展具有高经济附加值、低能耗、低污染甚至不污染等特点。旅游业是绿色经济中的典型产业，但投入大、周期长、回报慢。在南方日报记者的“双城会”采访中，“慢热”的绿色经济是否能当成地方的支柱产业来搞，各方看法不尽相同。

李启华认为，绿色经济有投入大、周期长、回报慢的特点，要引入“生命周期”的概念。“要以获得最大化的整体长远利益为目标，在不同的发展阶段采取不同的策略，因势利导，既不能拔苗助长、急功近利，同时也不能守株待兔、错失机遇。生命周期有初期、成长期、成熟期、衰退期，不同阶段的投入产出是不同的。”他认为，眼下的绿色经济还处于初期与成长期的阶段，值得培育。

杨贵宏以梅州的雁南飞景区为例，佐证“生命周期”的概念。雁南飞景区1995年动工建设，当时只是一个茶园，两年后建了些房子，搞起茶园观光旅游。再之后做了酒店、食府、宾馆，2001年成功跻身4A级景区，2011年更是升级为5A级景区。“如今，雁南飞已成为现代农业、休闲旅游、新农村建设完美融合的大景区，这是一个成功的范例，值得推广。”他认为，要将粤东西北的生态旅游概念做大，只靠某一个地区无法实现，必须在全省的层面上将总量做大。

“绿色发展是没有短期效益的，从短期看是个矛盾，但长期来说是非常值得投入，这是一个可持续的经济地带。”谷正中认为，绿色经济是矛盾中的机遇，正因为如此，地方政府更应摆正调整与机遇的关系，以积极的心态、科学的决策来推动。

“每个地方的资源不一样，但每个地方都有自己独特的东西，挖掘出来就是经济效益。”周林生以福建武夷山“印象大红袍”这一成功的品牌宣传为例，建议旅游、生态农业里挖内涵、外树形象，打出自己的品牌。

杨馥铭认为，旅游、生态农业能不能成为支柱产业，取决于多种因素。“很重要一点是地方政府的考核指标，搞绿色经济，要花大力气、时间培育，地方领导要有将政绩留给下一任的魄力。”

绿色经济有投入大、周期长、回报慢的特点，要引入“生命周期”的概念。要以获得最大化的整体长远利益为目标，在不同的发展阶段采取不同的策略，因势利导，既不能拔苗助长、急功近利，同时也不能守株待兔、错失机遇。

话题2：生态保育职责是机遇还是挑战？

按照国家与省里的部署，韶关、梅州、河源这三个城市承担了重要的生态保育职责，承担这些职责之后，土地指标、项目落地等方面受到了一定限制。这也被一些人看作地方经济发展的“瓶颈”。

“过去若干年，珠三角和山区在经济发展上的差距越来越大。如今省委、省政府重点提倡协调发展，我认为，粤东西北山区有非常大的发展空间。”在杨贵宏看来，“突出发展山区”已可以摆上重要议程。

杨馥铭说，韶关、河源、梅州是广东省生态发展核心区。以韶关为例，承担生态保护的土地面积占了全市面积的近50%，梅州、河源的情况也相类似。“‘绿色’和‘金色’之间怎么协调？保护和发展怎么办？这三个地区生态保护压力很大，发展的压力也很大。要全面建成小康社会，这几个地区都怕拖了全省的后腿。”他建议，这些地区如何发展，国家和省里可以探索制定一个模式予以指导。他认为，绿色和发展，一个很重要的前提是安全观，即在生态安全的前提下再探讨用什么模式去发展。

他以韶关为例分析称，韶关有高速公路、武广高铁，交通区位不差，但就是没有真正的龙头产业。“这几年韶关提过不少口号，工业强市、旅游强市、绿色发展，究竟哪个才最适合韶关？”他认为，无论发展生态农业、还是循环工业，一个地方首先要认准自身定位、适合做什么。

粤北山区绿地多、空气好。在周林生看来，这就是粤北山区特殊的竞争优势，决定了它在未来发展中占据重要地位。“仅从有机绿色食品这一项来说，粤北在省内条件很好，因此环境必须保护好。如果现在破坏了，即使能换来经济快速发展，日后醒悟过来再治理，不知道要花费多少代人的努力。”

话题3：山区如何吸引优质产业和人才?

绿色经济中的工业定义为“循环工业”，即高精尖、低能耗、高经济附加值的工业产业。这些产业是“香饽饽”，不但是粤北山区，珠三角也争着要，因为它既赚钱、又污染少。在地方领导看来，产业是撬动经济快速发展的杠杆。不过，粤北地区靠什么吸引优质产业和人才？这一问题一直令不少基层干部感到纠结。要把山区的生态优势资源转化为经济资源，与会专家和网友认为，这个转化的“催化剂”就是产业、人才和创意。

李启华说，优质人才对任何地方而言都是稀缺资源，一个地方要有高端产业项目，有发展的持续吸引力，才能吸引到高端人才。针对粤北山区的情况，他建议吸引创业型和资源型的年轻人才，在对人才的评价、配套服务、落户等政策方面提供扶持。

在他看来，产业和人才相辅相成。“地方要发展，工业化是不可避免的。粤北地区曾经忽略了工业发展，如今，必须打造新型工业化，再带动新型城市化。”他以韶关芙蓉新城为例，在局部搞产业基地，整体上以生态产业主导，这样一来在局部集聚上有了先进制造业，产业格局得到了优化。

谷正中则认为，有意识地打造精品绿色经济，还要结合本地固有的资源。如河源、梅州是享誉海内外的客家城市，客家文化源远流长，必须做透客家文章、打好

绿色和发展，一个很重要的前提是安全观，即在生态安全的前提下再探讨用什么模式去发展。

粤北地区靠什么吸引优质产业和人才？这一问题一直令不少基层干部感到纠结。要把山区的生态优势资源转化为经济资源，与会专家和网友认为，这个转化的“催化剂”就是产业、人才和创意。

客家文化牌，“现在对客家品牌的开发利用还远远不够”。

杨馥铭在韶关调研时听说，当地政府曾有吸引香港高校毕业生到韶关创业的想法。他认为这个想法很好，但韶关当地要给出优惠政策，内外发力、多管齐下。在他看来，这个尝试同样适用于梅州和河源。

话题4：可否以碳排放交易补偿粤北生态？

杨馥铭认为，粤北三市既要保护青山绿水，又要经济发展，改善本地民生，因此对这些地方可以考虑给予适当的特殊政策，比如生态补偿。“该给补偿就要给，这个补偿不是施舍，而是责任。别的地方经济快速发展，韶关、梅州、河源重点在保护生态，要从全省层面上进行协调。”

生态补偿机制并不是一个全新话题，之前国内其他地方曾有提及。王瀚说，粤北是广东省的生态屏障区和水源保护区，创造了巨大的社会效益。省内有些地方生态补偿机制做得比较好，比如东江饮水工程就可以进行借鉴。

之前广东省出台了针对企业的碳排放政策，周林生大胆设想，碳排放是否可以针对21个地级以上市。“比如说全省根据环境容量规定全省能有多少的碳排放额度，分配到各市，粤北可能用不完，珠三角可能不够用。因此，珠三角可以购买粤北的碳排放指标，补偿粤北地区为保护生态作出的牺牲。通过碳排放指标的交易、转让，让粤北更有底气做好环境保护。”

王瀚认同这个观点。他认为，如果碳排放交易得以实施，可以加入市场交易，通过碳排放交易所进行市场化运作，他将这称为“生态合作”，即珠三角发达地区将资金或技术通过某种渠道、某种形式回馈到粤北，作为生态合作和补偿。

精彩观点

周林生：行政体制改革是粤北崛起机遇

所谓协调发展，是各地根据自己的资源禀赋和区位优势，按照主体功能区的划分向前发展，而不是珠三角GDP达到多少亿元，其他地方也要达到多少亿元。

周林生

下一步全国可能很快要推县改市，粤北有一些县完全是可以按照相关标准成为市的行政区划。这些县改为市之后，我建议省政府就不要再授权当地的地级市来管理这些县，而是由省政府直管。前30年广东依靠中心城市的发展带动了经济社会大步前进，后30年要依靠县域经济和镇域经济的发展取得下一步的发展。省直管县的体制改革非常重要，对粤北山区的崛起是一个关键。

前30年广东依靠中心城市的发展带动了经济社会大步前进，后30年要依靠县域经济和镇域经济的发展取得下一步的发展。

杨贵宏：生态发展绿色崛起大有可为

广东省要全面发展，不应该继续拉大山区和珠三角的距离，我理解的协调发展就是这样。如果有了协调发展，“幸福广东”指日可待。

在生态发展方面，梅州一直在探索道路，寻求生态

杨贵宏

发展的新模式。梅州有好山、好水、好文化、出了很多人才，梅州在生态经济绿色崛起这方面非常自信，而且大有可为。梅州通过“一园两特”来发展产业，重点发展一个工业园区，这也是梅州的产业转移园区，现在约12平方公里，已经产生了规模效应。将来万一有污染，也会有集中的治理。

杨馥铭：粤北不能被动接受产业转移

杨馥铭

粤北的发展，必须是内外发力、多管齐下。外面要给力，本地也要更主动。

至于怎样吸引人才和吸引外面好的产业，我认为不能光想着靠“双转移”。粤北是个特殊的地方，要保持绿水清山，要促进民生，还要发展。这样资源承载力比较弱的地区，如果转移一些落后的产业，不是更加重了环境的负担吗？为什么不能引进一些高端产业呢？所以，对于粤北该给的生态补偿就要给。2012年省里出台了关于生态补偿的规定，应该有所体现。

谷正中：南雄可打造广东“根”文化

粤北这一带，可以考虑将客家文化进行整体的包装打造，用一个载体做大做强。这个载体可以是一部电视剧，或者其他。农耕时代，广东文化最巅峰的人物曲江先生，不就是韶关的吗？还有谁超越他呢？大部分广东人，都是从粤北南迁而来的，根都在南雄珠玑古巷。怎么将“根”的文化打造好，给客家人迁移留下记忆的坐标点，这些东西需要去挖掘。我认为粤北可以依托于本地的文化资源，走绿色精品旅游路线。

谷正中

当然粤北地区要发展，最大的问题还是交通，如果交通问题解决了，很多问题都会迎刃而解的。

粤北的发展，必须是内外发力、多管齐下。外面要给力，本地也要更主动。

落后地区要发展，首先就是要以项目和产业来吸引人才。

李启华：给年轻人更好的发展空间

落后地区要发展，首先就是要以项目和产业来吸引人才。此外，要吸引人才必须要有优惠政策，包括对不同类型人才的评价体系、配套服务、落户等政策。这样，新来的人才才能融合进去，形成共赢发展。

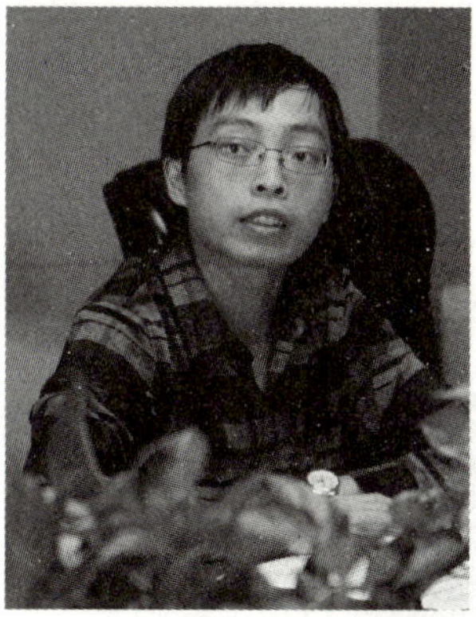
李启华

粤北山区重点要吸引创业型和资源型的年轻人才。最近我看到一个电视节目，说一位2009年毕业的中大毕业生，回到农村，短短3年就通过扶贫项目带动了当地经济发展。年轻人有抱负、渴望创业、也敢于去闯，但珠三角地区可能人才相对饱和，粤北则可以提供足够广阔的空间，这样对创业型年轻人才来说，有比较大的吸引力。

刘尧：政府可推广高附加值养殖业

刘尧

粤北养殖业结构太单一，主要是鸡、猪、鸭这三类，缺少一些高附加值的养殖业。这个产值的差别，就像运一轮船的货到美国，可能卖不到几个钱，但是美国一个芯片卖给我们，就有巨额的利润。

我认为可以推广养殖梅花鹿。梅花鹿全身是宝，也是可以循环利用的：鹿茸的产值很高，鹿皮、鹿骨、鹿筋等熬出来的胶是阿胶无法比的，跟人体的胶原蛋白相比非常接近。农民兄弟现在的问题是买不到优质的梅花鹿种，政府可以在这方面花花心思。

王瀚：贫困地区发展生态农业不实际

王翰

很多人说粤北应该大力发展绿色农业，或者说生态农业，但我感觉没那么实际。如果按照国内相关的标准，要发展所谓的生态有机农业，比如达到绿AA级，投入的成本也会更多。省内具备发展生态农业基础条件的地区，很多都是粤北、粤东等相对比较贫困的地方，但如果在这些地方发展生态农业，又意味着还要再增加投入，我个人的感觉这有点自相矛盾。

韦双喜：粤北发展生态农业“师出有名”

2012年我们去云浮、肇庆旅游，180块钱一斤的母鸡供不应求。我们也觉得贵，但是很值，还想再去。这个例子说明，现代人物质条件提高了，生态农产品大有市场。

韦双喜

在这样的背景下，依托于环境、资源优势的生态崛起命题，是符合粤北偏远山区农村发展和幸福广东迫切需要的。粤北有丹霞山，在名山名人下搞生态农业项目，有得天独厚的自然优势，且“师出有名”，有利于树立绿色品牌，产出健康安全的农产品，提升消费者的信心。

依托于环境、资源优势的生态崛起命题，是符合粤北偏远山区农村发展和幸福广东迫切需要的。

围观

@阿狼：粤北要发展，一是保护生态，二是发展现代科技农业，三是推动现代休闲旅游发展，四是支持发展文化创意产业。不宜用单一的GDP指标来考核地方政府，河源人口不足400万，但是在给4000万人提供饮用水。保护好河源生态和水源，这种社会效益是任何经济指标都无法衡量的。

@CROESUS-FK：支招粤北：1. 重新规划，长期大计，避免城市发展和规划年年新鲜、届届不同；2. 正确定位，立足农业和旅游业，珠三角的经济模式不适合本地，粤北发展来料加工、机械制造的区位优势不明显。

（南方日报记者　张学斌　戎飞腾）

后记

双城际会，群英献策。

南方日报2013年度重磅策划——“双城会”系列报道，从年初开始启动采访，2013年4月15日推出首篇《广州VS天津：南北兄弟间的“第三城”之争》，至7月4日推出总结性的长篇通讯《时代之问：今天，我们拿什么来实现“两个率先”》，圆满收官。广州与天津、深圳与香港、东莞与苏州、汕头与厦门、韶关与徐州、湛江与北海、佛山与无锡……一组组报道，将广东的区域发展放在全国的比较坐标中来观察，既直面问题、又具建设性，引发了全省上下对区域经济发展的持续关注和热议。

习近平总书记视察广东时殷殷寄望：“广东要成为发展中国特色社会主义的排头兵、深化改革开放的先行地、探索科学发展的实验区，率先全面建成小康社会、率先基本实现社会主义现代化。”广东省委把“三个定位、两个率先”确定为广东工作的总目标，掀起了加快发展的新一轮热潮。南方报业传媒集团党委深刻领会省委、省政府战略部署，积极主动，推出了一系列配合省委、省政府中心工作的报道，充分发挥主流媒体引领舆论的作用，南方日报的“双城会”系列报道就是一次创新性尝试。

“双城会”系列报道选取广东有代表性的11个地级以上市和4个县，

与省外同类市、县进行对比报道，借他山之石，攻广东之玉，为广东加快发展提供借鉴。15组对比报道，加上4场网络建言会，到3篇国内外专家的高端访谈，到最后收尾的长篇通讯，这组报道借助报纸、网络、微博、在线访谈进行全媒体传播，在社会上形成了巨大的影响力。

“双城会”系列报道，从报道议题设置到报道形式创新、报道节奏控制，都可以说是区域经济报道的一次“经典战役”，也是主流媒体发挥舆论导向引领作用的成功案例。报道的创新形式和传播效果受到中宣部有关部门充分肯定，认为报道“创意新颖，既为广东继续保持较好发展提供了决策支持，也为媒体的区域经济报道摸索出一条新路”。报道也引起了中共中央政治局委员、广东省委书记胡春华的高度关注和充分肯定。省委常委、宣传部长庹震要求报社以此为新起点，再接再厉，推出更多精品佳作。

“双城会”系列报道已经暂告一段落，但带给广东的冲击则在持续发酵和升温。我们将“双城会”系列报道结集出版，期待这种思维的交流与碰撞，激发出更多的智慧和能量，为我省实现“三个定位、两个率先”的目标凝聚共识，贡献更大力量。